キクタン
英検1級
ワークブック

一杉武史 編著

JN104147

アルク

Preface

英検1級最頻出の単語・熟語800を
7つのジャンルに分けて完全マスター！
「読む」「聞く」学習に、「書く」が加わって
ライティング力もしっかり身につきます！

長文問題4ジャンル、語句補充問題3ジャンル
計7ジャンルの単語・熟語が頻出順に登場！

本書は、英検1級最頻出の単語・熟語800を、50日間でマスターするための単語・熟語集です。英検1級の長文問題頻出ジャンルを「社会・文化」「政治・経済」「法律・犯罪」「科学・学問」の4つ、語句補充問題頻出ジャンルを「思考・動作」「状況・性質」「程度・数量」の3つに分け、各ジャンルの単語・熟語を頻出順に身につけていきます。見出し語の選定にあたっては、過去12年間の英検本試験を完全分析していますので、本当に「よく出る」ものだけが選ばれています。

これからはライティング能力も必要不可欠！
「書く」学習でプラスαの英語力をマスター！

小学校での英語の教科化、大学入試での英語問題の変更——その狙いは、従来の「読む」「聞く」に加え、「話す」「書く」英語力の強化です。これからの時代は、インプット型の「読む」「聞く」力のほかに、アウトプット型の「話す」「書く」力も必要とされます。本書では、好評をいただいている『キクタン』シリーズの「読む」「聞く」学習に加え、「書く」学習も採り入れていますので、学習単語・熟語を「書いて使える」ことが可能になります。英検1級合格を目指して、一緒に頑張りましょう！

*本書に登場する単語・熟語、フレーズ、センテンスは、『改訂版キクタン英検®1級』（アルク刊）に掲載されているものが使われています。

Contents

1日16単語・熟語×50日で
英検1級に頻出する7ジャンルの
800単語・熟語をマスター！

Chapter 1

社会・文化

Page 10 ▸ 47

Chapter 2

政治・経済

Page 48 ▸ 77

Chapter 3

法律・犯罪

Page 78 ▸ 99

Chapter 4

科学・学問

Page 100 ▸ 117

Chapter 5

思考・動作

Page 118 ▸ 163

Chapter 6

状況・性質

Page 164 ▸ 201

Chapter 7

程度・数量

Page 202 ▶ 223

記号説明

》001
ダウンロードした音声の「トラック 1 を呼び出してください」という意味です。

名動形副熟
順に、名詞、動詞、形容詞、副詞、熟語を表します。

本書の利用法

単語・熟語 → フレーズ → センテンスの順に
「読んで」→「書いて」→「聞いて」覚えるから
確実に身につく！

① 1日の学習範囲の前半の単語・熟語を
「読んで」チェックします。

② 次に、見出し語横の破線部の上
に単語・熟語を「書き」、フレ
ーズの空所部を「埋め」ます。

③ 該当のトラックを呼び出して、
単語・熟語・フレーズを「聞き」
ます。

④ 前ページの単語・熟語を含むセンテ
ンスの空所を「埋め」ます。センテ
ンスは見出し順ではなく、シャッフ
ルされています。

⑤ 解答を確認します。各解答の後
の数字は見出し番号を表します。

⑥ 該当のトラックを呼び出して、
センテンスを「聞き」ます。

Day 2 社会・文化2　CHAPTER 1 2 3 4 5 6 7

単語・熟語を 読んで ▶ 単語・熟語を 書き ▶ フレーズの空所を 埋め ▶ 単語・熟語・フレーズを 聞き　♪ 005

□ 017
〜の典型である
epitomize
/ɪpítəmàɪz/
_e_____
1960年代の典型である
(　　　　　　　) the 1960s

□ 018
〜を根絶する
eradicate
/ɪrǽdəkèɪt/
_e_____
人種差別を根絶する
(　　　　　) racism

□ 019
〜を称賛する
extol
/ɪkstóul/
_e_____
〜の美点を称賛する
(　　　　) the virtues of 〜

□ 020
〜の品位を傷つける
demean
/dɪmíːn/
_d_____
女性の品位を傷つける発言
remarks that (　　　　) women

□ 021
〜をのけ者にする
ostracize
/ɑ́strəsàɪz/
_o_____
友人にのけ者にされる
be (　　　　　) by one's
friends
受け身なので
過去分詞形が
入ります。

□ 022
〜をあおる
fuel
/fjúːəl/
_f_____
不安をあおる
(　　　) anxiety

□ 023
〜を迫害する
oppress
/əprés/
_o_____
少数民族を迫害する
(　　　　　) minorities

□ 024
はびこって
rife
/ráɪf/
_r_____
〜といううわさがはびこっている
Rumors are (　　　) that 〜.
この意味も
押さえて
おきましょう。

15

Day 2

センテンスの空所を 埋める ▶ センテンスを 聞く　♪ 006

① ユダヤ人は第2次世界大戦中、ナチスに迫害された。
Jewish people were (　　　　　　) by the Nazis during World War II.

② バラク・オバマはアメリカンドリームの典型だった。
Barack Obama (　　　　　　) the American dream.

③ その都市では犯罪がはびこっている。
Crime is (　　　) in the city.

④ 他者の品位を傷つけるような言葉や表現は避けるべきだ。
Words and expressions that (　　　　) others should be avoided.

⑤ その本は菜食主義の美点を称賛している。
The book (　　　　) the virtues of vegetarianism.

⑥ 低金利が新規の住宅建設の増加をあおっている。
Low interest rates have been (　　　　) increases in new home construction.

⑦ 彼は同僚たちにのけ者にされている。
He has been (　　　　) by his colleagues.

⑧ 天然痘は地球上から根絶された。
Smallpox was (　　　　　) from the world.

解答　① oppressed (023)　② epitomized (017)　③ rife (024)　④ demean (020)　⑤ extols (019)
⑥ fueling (022)　⑦ ostracized (021)　⑧ eradicated (018)

16

音声のダウンロード方法

本書の音声は、以下のウェブサイトからダウンロードしてください。

アルク・ダウンロードセンター　https://www.alc.co.jp/dl/

※ダウンロードセンターで本書を探す際には、商品コード（7020014）を利用すると便利です。
※音声をスマートフォンに直接ダウンロードして再生できるアプリ「語学のオトモ ALCO」についてもご案内しています。
※本サービスの内容は、予告なく変更する場合がございます。あらかじめご了承ください。

⑦ 1日の後半の学習は、前半と同じ手順で進めます。

赤シート

見出し語が隠せるようになっています。
見出し語部に乗せ、単語・熟語の定着度の確認用に使用してください。

CHAPTER
1
社会・文化

Chapter 1では、英検1級
の「社会・文化」関連の長
文問題で頻出の単語・熟語
144をマスターしていきま
す。しっかり「書いて聞く」
学習を忘れずに！ では、
早速Day 1からスタート！

単語・熟語を　▶　単語・熟語を　▶　フレーズの空所を　　　▶　単語・熟語・フレーズを　　 ⟫ 001

□ 001 　名
支持者
proponent
/prəpóunənt/

p

死刑の支持者たち
(　　　　　　　　) of capital
punishment

 複数形が入ります。

□ 002 　動
〜を支持する
advocate
/ǽdvəkèit/

a

公然と暴力を支持する
openly (　　　　　) **violence**

発音注意！

□ 003 　動
〜を引き起こす
trigger
/trígər/

t

内戦を引き起こす
(　　　　　) **a civil war**

□ 004 　名
消滅
demise
/dimáiz/

d

ローマ帝国の消滅
the (　　　　　) **of the Roman Empire**

□ 005 　名
仲間
peer
/píər/

p

仲間集団
one's (　　　　) **group**

□ 006 　動
〜を広める
disseminate
/disémənèit/

d

そのニュースを広める
(　　　　　　　) **the news**

□ 007 　動
〜を受ける
undergo
/ʌndərgóu/

u

手術を受ける
(　　　　) **surgery**

□ 008 　名
信用
credibility
/krèdəbíləti/

c

信用を得る
gain (　　　　　　)

Day 1

① 変革を求める東欧での運動がソ連の消滅へとつながった。

The movements for change in Eastern Europe led to the (　　　　　) of the Soviet Union.

② その団体は死刑の廃止を支持している。

The group (　　　　　　　　) the abolition of capital punishment.

③ インターネットの使用は情報を広めるための最も効果的な方法だ。

Using the Internet is the most effective way to (　　　　　) information.

④ あなたは毎年、健康診断を受けたほうがいい。

You should (　　　　　) a medical checkup annually.

⑤ この学説には多くの支持者がいる。

This theory has many (　　　　　　).

⑥ 政府は国民の信用を回復する必要がある。

The government needs to regain (　　　　　　) with the public.

⑦ 彼は仲間から尊敬されている。

He has earned the respect of his (　　　　).

⑧ その停電は電線の上に木が倒れたことで引き起こされた。

The blackout was (　　　　　) by a tree falling on a power line.

解答 | ① demise (004)　② advocates (002)　③ disseminate (006)　④ undergo (007)
⑤ proponents (001)　⑥ credibility (008)　⑦ peers (005)　⑧ triggered (003)

単語・熟語を読む ▶ 単語・熟語を書く ▶ フレーズの空所を埋める ▶ 単語・熟語・フレーズを聞く 》003

□ 009 動
～を構成する
constitute
/kάnstətjùːt/

c
～の大多数を構成する
(　　　　　　　　) **the majority of ～**

アクセント注意！

□ 010 動
～に影響を与える
sway
/swéi/

s
世論に影響を与える
(　　　　　) **public opinion**

□ 011 形
隠遁した
reclusive
/riklúːsiv/

r
隠遁した大金持ち
a (　　　　　　) **millionaire**

□ 012 形
陳腐な
banal
/bənǽl/

b
陳腐なジョーク
a (　　　　) **joke**

アクセント注意！

□ 013 熟
～を利用する
tap into

t
資金を利用する
(　　) (　　　　　) **funds**

□ 014 名
映像
footage
/fútidʒ/

f
フィルム映像
film (　　　　　)

□ 015 名
出現
advent
/ǽdvent/

a
大量生産の到来
the (　　　　) **of mass production**

この意味も
押さえて
おきましょう。

□ 016 名
大移動
exodus
/éksədəs/

e
集団移動
mass (　　　　　)

13

Day 1

① 私たちは感情に影響されやすい。

We are easily (　　　　　　) by our emotions.

② 調査員たちはその飛行機墜落の映像を何度も繰り返し見た。

The investigators watched (　　　　　　) of the plane crash over and over again.

③ 私たちはインターネットで豊富な情報を利用できる。

We can (　　　) (　　　) the wealth of information on the Internet.

④ 1970 年代後半に、ベトナムからの難民の大移動があった。

In the late 1970s, there was an (　　　　　　) of refugees from Vietnam.

⑤ 女性は国会の 17 パーセントを構成している。

Women (　　　　　　) 17 percent of Congress.

⑥ インターネットの出現は数多くのビジネスチャンスを生み出してきた。

The (　　　　　　) of the Internet has created enormous business opportunities.

⑦ ほとんどの批評家はその小説を陳腐だと見なした。

Most critics called the novel (　　　　).

⑧ その作家は田舎で隠遁生活を送った。

The author lived a (　　　　　　) life in the countryside.

解答 ① swayed (010)　② footage (014)　③ tap into (013)　④ exodus (016)　⑤ constitute (009)
⑥ advent (015)　⑦ banal (012)　⑧ reclusive (011)

単語・熟語を ▶ 単語・熟語を ▶ フレーズの空所を ▶ 単語・熟語・フレーズを 　　》005

□ 017 🔊
〜の典型である
epitomize
/ipítəmàiz/

e_____
1960 年代の典型である
(　　　　　　　　　) the 1960s

□ 018 🔊
〜を根絶する
eradicate
/irǽdəkèit/

e_____
人種差別を根絶する
(　　　　　　　　) racism

□ 019 🔊
〜を称賛する
extol
/ikstóul/

e_____
〜の美点を称賛する
(　　　　　　) the virtues of 〜

□ 020 🔊
〜の品位を傷つける
demean
/dimí:n/

d_____
女性の品位を傷つける発言
remarks that (　　　　　　　) women

□ 021 🔊
〜をのけ者にする
ostracize
/ástrəsàiz/

o_____
友人にのけ者にされる
be (　　　　　　　　) by one's
friends

受け身なので
過去分詞形が
入ります。

□ 022 🔊
〜をあおる
fuel
/fjú:əl/

f_____
不安をあおる
(　　　　) anxiety

□ 023 🔊
〜を迫害する
oppress
/əprés/

o_____
少数民族を迫害する
(　　　　　　) minorities

□ 024 形
はびこって
rife
/ráif/

r_____
〜といううわさが広まっている
Rumors are (　　　) **that 〜.**

この意味も
押さえて
おきましょう。

センテンスの空所を埋める ▶ センテンスを聞く ）》006

① ユダヤ人は第2次世界大戦中、ナチスに迫害された。

Jewish people were（ ） **by the Nazis during World War II.**

② バラク・オバマはアメリカンドリームの典型だった。

Barack Obama（ ） **the American dream.**

③ その都市では犯罪がはびこっている。

Crime is（ ） **in the city.**

④ 他者の品位を傷つけるような言葉や表現は避けるべきだ。

Words and expressions that（ ） **others should be avoided.**

⑤ その本は菜食主義の美点を称賛している。

The book（ ） **the virtues of vegetarianism.**

⑥ 低金利が新規の住宅建設の増加をあおっている。

Low interest rates have been（ ） **increases in new home construction.**

⑦ 彼は同僚たちにのけ者にされている。

He has been（ ） **by his colleagues.**

⑧ 天然痘は地球上から根絶された。

Smallpox was（ ） **from the world.**

解答 ① oppressed (023) ② epitomized (017) ③ rife (024) ④ demean (020) ⑤ extols (019)
⑥ fueling (022) ⑦ ostracized (021) ⑧ eradicated (018)

単語・熟語を読む ▶ 単語・熟語を書く ▶ フレーズの空所を埋める ▶ 単語・熟語・フレーズを聞く　》007

□ 025　形
社交的な
gregarious
/grigéəriəs/

g
社交的な**若者**
a (　　　　　　　　) young man

□ 026　形
古い
archaic
/ɑːrkéiik/

a
古語
an (　　　　　) word

発音注意！

□ 027　熟
～で何とか暮らしていく
scrape by on

s
わずかな収入で何とか暮らしていく
(　　　　　) (　　) (　　　) a meager income

□ 028　熟
～を修復する
patch up

p
結婚生活を修復する
(　　　　) (　　) one's marriage

□ 029　名
影響
ramification
/ræməfikéiʃən/

r
社会的影響
social (　　　　　　　　)

通例、複数形で
用いられます。

□ 030　名
こつ
knack
/næk/

k
こつをつかむ
get the (　　　　)

□ 031　名
初心者
novice
/návis/

n
ずぶの素人
a complete (　　　　　)

発音注意！
この意味も押さえて
おきましょう。

□ 032　名
汚名
stigma
/stígmə/

s
～に伴う汚名
a (　　　　　) attached to ～

センテンスの空所を埋める ▶ センテンスを聞く　　　　　　　　　　　　　)) 008

① 冷戦の開始は米国社会に大きな影響を及ぼした。

The onset of the Cold War had major (　　　　　　　　) for American society.

② 生活保護で何とか暮らしている人々が増えてきている。

More and more people are (　　　　　) (　　) (　　) welfare.

③ 離婚に伴う汚名などはもはやない。

There is no longer any (　　　　　) attached to divorce.

④ 「thee」は現代英語の「you」の古い形だ。

"Thee" is an (　　　　　) form of the modern English word, "you."

⑤ この道具を使うにはちょっとしたこつがある。

There's a bit of a (　　　　) to using this tool.

⑥ 彼女はゴルフの初心者だ。

She is a (　　　　) at golf.

⑦ 彼は妻との関係を修復したいと思っている。

He wants to (　　　　) things (　　) with his wife.

⑧ 私のおばは社交的で話好きな人だ。

My aunt is a (　　　　　　) and talkative person.

解答　① ramifications (029)　② scraping by on (027)　③ stigma (032)　④ archaic (026)
⑤ knack (030)　⑥ novice (031)　⑦ patch, up (028)　⑧ gregarious (025)

Day 3 社会・文化3

単語・熟語を読む ▶ 単語・熟語を書く ▶ フレーズの空所を埋める ▶ 単語・熟語・フレーズを聞く))) 009

□ 033 名
影響
repercussion
/rìːpərkʌ́ʃən/

r⌐
〜に影響を及ぼす
have (   )
for 〜

通例、複数形で用いられます。

□ 034 名
大変動
upheaval
/ʌ̀phíːvəl/

u⌐
社会的大変動
social (   )

□ 035 名
通気口
vent
/vént/

v⌐
換気口
an air (   )

□ 036 動
〜を酷評する
lambaste
/læmbéist/

l⌐
メディアに酷評される
be (   ) **by the media**

受け身なので過去分詞形が入ります。

□ 037 動
〜を孤立させる
isolate
/áisəlèit/

i⌐
その国を国際社会から孤立させる
(   ) **the country from the international community**

□ 038 形
短期滞在の
transient
/trǽnziənt/

t⌐
短期労働者
(   ) **workers**

□ 039 形
多作の
prolific
/prəlífik/

p⌐
多作の作家
a (   ) **author**

□ 040 名
分派
offshoot
/ɔ́ːfʃùːt/

o⌐
キリスト教の分派
an (   ) **of Christianity**

センテンスの空所を埋める ▶ センテンスを聞く   ))) 010

① これらの通気口は家の中の空気を循環させるために使われている。

These (　　　　　) are used to circulate air in the house.

② 現代社会は人々を互いから孤立させる傾向がある。

Modern society tends to (　　　　　) people from one another.

③ 仏教はヒンズー教の分派を起源として生まれた。

Buddhism originated as an (　　　　　) of Hinduism.

④ その映画は評論家たちに酷評された。

The film was (　　　　　) by critics.

⑤ ロシアは 1900 年代初頭に政治的大変動を経験した。

Russia underwent political (　　　　　) during the early 1900s.

⑥ その会社の倒産は町に深刻な影響を及ぼすだろう。

**The company's bankruptcy will have serious (　　　　　)
on the town.**

⑦ 短い生涯を通じて、モーツァルトは多作の作曲家だった。

Throughout his short life, Mozart was a (　　　　　) composer.

⑧ その都市には多くの短期滞在者がいる。

The city has a large (　　　　　) population.

解答   ① vents (035)   ② isolate (037)   ③ offshoot (040)   ④ lambasted (036)   ⑤ upheaval (034)
      ⑥ repercussions (033)   ⑦ prolific (039)   ⑧ transient (038)

Day 3 社会・文化3

単語・熟語を読む ▶ 単語・熟語を書く ▶ フレーズの空所を埋める ▶ 単語・熟語・フレーズを聞く ）011

□ 041 名 **お世辞** **flattery** /flǽtəri/	f 過剰なお世辞 **excessive** ( )
□ 042 名 **安息の地** **haven** /héivən/	h 野生生物の安息の地 **a** ( ) **for wildlife**　発音注意!
□ 043 名 **偉業** **feat** /fíːt/	f 偉業を成し遂げる **achieve a** ( )
□ 044 名 **緩衝物** **buffer** /bʌ́fər/	b 緩衝国 **a** ( ) **state**
□ 045 名 **友情** **camaraderie** /kàːmərάːdəri/	c 〜との友情を育む **cultivate** ( ) **with 〜**
□ 046 名 **天才** **prodigy** /prάdədʒi/	p 天才児 **a child** ( )
□ 047 動 **〜を体現する** **embody** /imbάdi/	e 理想を体現する ( ) **one's ideals**
□ 048 動 **〜を酷評する** **slam** /slǽm/	s 政府の経済政策を酷評する ( ) **the government's economic policy**

センテンスの空所を埋める ▶ センテンスを聞く))) 012

① 彼女の演技は評論家たちに酷評された。

Her performance was (　　　　　　　) by critics.

② そのホテルは都市の喧噪から離れた安息の地だ。

The hotel is a (　　　　　) from the noise of the city.

③ お世辞を言っても無駄ですよ。

(　　　　　　) will get you nowhere.

④ 同僚たちの間の友情は生産性や仕事の満足度を高めることが明らかになっている。

(　　　　　　　　) among co-workers has been shown to increase productivity and job satisfaction.

⑤ そのダムはエンジニアリングの輝かしい偉業だ。

The dam is a brilliant (　　　) of engineering.

⑥ 彼は5歳にしてバイオリンの天才だと称賛された。

He was hailed as a violin (　　　　　) at the age of 5.

⑦ これらの木々は冬の北風に対する緩衝物の役割を果たしている。

These trees act as a (　　　　) against northerly winter winds.

⑧ 米国憲法は民主主義の原則を体現している。

The US constitution (　　　　　　) the principles of democracy.

解答 | ① slammed (048)　② haven (042)　③ Flattery (041)　④ Camaraderie (045)　⑤ feat (043)
⑥ prodigy (046)　⑦ buffer (044)　⑧ embodies (047)

単語・熟語を読む ▶ 単語・熟語を書く ▶ フレーズの空所を埋める ▶ 単語・熟語・フレーズを聞く))) 013

□ 049 動
〜をもてはやす
tout
/táut/

t_____
その少女を天才だともてはやす
( ) **the girl as a genius**

□ 050 動
〜を得る
garner
/gáːrnər/

g_____
支持を得る
( ) **support**

□ 051 動
死ぬ
perish
/périʃ/

p_____
餓死する
( ) **of hunger**

□ 052 動
〜をもたらす
wreak
/ríːk/

w_____
大きな被害をもたらす
( ) **havoc**

□ 053 形
どこにでもある
ubiquitous
/juːbíkwətəs/

u_____
近ごろではどこにでもある
be ( ) **nowadays**

アクセント注意！

□ 054 形
利他的な
altruistic
/æltruːístik/

a_____
利他的な行動
( ) **behavior**

□ 055 名
開催地
venue
/vénjuː/

v_____
会議の開催地
a conference ( )

□ 056 名
称賛
acclaim
/əkléim/

a_____
称賛を得る
win ( )

センテンスの空所を埋める ▶ センテンスを聞く　　　　　　　　　　　　　　　　》014

① 完全に利他的であることは非常に難しい。
It is very difficult to be completely (　　　　　　).

② そのハリケーンはニューオーリンズに大きな被害をもたらした。
The hurricane (　　　　　　) havoc on New Orleans.

③ その政党は投票総数の 60 パーセント近くを得た。
The party (　　　　　　) nearly 60 percent of the vote.

④ 札幌は 1972 年の冬のオリンピックの開催地だった。
Sapporo was the (　　　　　　) for the 1972 Winter Olympic Games.

⑤ その政治家は次期首相だともてはやされている。
The politician is (　　　　　　) as the next prime minister.

⑥ 日本ではコンビニエンスストアがどこにでもある。
Convenience stores are (　　　　　　) in Japan.

⑦ その映画は国を超えて称賛された。
The film received international (　　　　　　).

⑧ 500 人以上の人々がその地震で死んだ。
More than 500 people (　　　　　　) in the earthquake.

解答　① altruistic (054)　② wreaked (052)　③ garnered (050)　④ venue (055)　⑤ touted (049)
⑥ ubiquitous (053)　⑦ acclaim (056)　⑧ perished (051)

単語・熟語を 読む ▶ 単語・熟語を 書く ▶ フレーズの空所を 埋める ▶ 単語・熟語・フレーズを 聞く 　))) 015

□ 057 图
朝飯前のこと
cinch
/síntʃ/

c
簡単に作れる物
a (　　　　) to make

「容易なこと」と
いった意味合いです。

□ 058 图
弔辞
eulogy
/júːlədʒi/

e
弔辞を述べる
deliver a (　　　　　)

□ 059 働
〜を束縛する
fetter
/fétər/

f
彼の自由を束縛する
(　　　　　) his freedom

□ 060 働
〜を広める
propagate
/prápəgèit/

p
社会主義思想を広める
(　　　　　) socialist ideas

□ 061 働
〜を傷つける
tarnish
/táːrniʃ/

t
彼女の評判を傷つける
(　　　　　) her reputation

□ 062 働
〜を特徴づける
characterize
/kǽriktəràiz/

c
統合失調症を特徴づける症状
symptoms that (　　　　　　　) schizophrenia

□ 063 形
独創的な
ingenious
/indʒíːnjəs/

i
独創的な考え
an (　　　　　) idea

□ 064 形
はびこっている
rampant
/rǽmpənt/

r
はびこる
run (　　　　　)

センテンスの空所を埋める ▶ センテンスを聞く　　　　　　　　　　　　　》016

① 「試験はどうだった？」「朝飯前だったよ！」

"How was the exam?" "It was a (　　　　　)!"

---

② そのスキャンダルは首相のイメージを傷つけた。

The scandal (　　　　　　　　　) the prime minister's image.

---

③ キリスト教はローマ帝国から西洋へと広まった。

Christianity was (　　　　　　　　　) from the Roman Empire into the West.

---

④ アルキメデスは多くの独創的な機械を発明した。

Archimedes invented many (　　　　　　) machines.

---

⑤ 彼は時間に束縛されていると感じている。

He feels (　　　　　　) by time.

---

⑥ 彼は亡くなった友人のために短い弔辞を述べた。

He delivered a brief (　　　　　　) for his deceased friend.

---

⑦ この国では暴力がはびこっている。

Violence is (　　　　　　) in this country.

---

⑧ ヴァン・ゴッホの絵画は太い筆遣いが特徴だ。

Van Gogh's paintings are (　　　　　　　　　) by thick brushstrokes.

解答 | ① cinch (057)　② tarnished (061)　③ propagated (060)　④ ingenious (063)　⑤ fettered (059)
⑥ eulogy (058)　⑦ rampant (064)　⑧ characterized (062)

単語・熟語を読む ▶ 単語・熟語を書く ▶ フレーズの空所を埋める ▶ 単語・熟語・フレーズを聞く 　》017

□ 065　名
恩恵
boon
/búːn/

b
～にとっての大きな恩恵
a great (　　　　) to ～

□ 066　名
演奏
rendition
/rendíʃən/

r
ベートーベンの交響曲第9番の演奏
a (　　　　　) of Beethoven's Ninth Symphony

□ 067　名
つらい体験
ordeal
/ɔːrdíːl/

o
～するつらい体験
the (　　　　) of doing ～

□ 068　名
発足
inception
/insépʃən/

i
～年の発足以来
since its (　　　　) in ～

□ 069　名
規範
precept
/príːsept/

p
道徳的規範
moral (　　　　)

複数形が入ります。

□ 070　名
不安
misgiving
/misgíviŋ/

m
～について不安を抱く
have (　　　　) about ～

通例、複数形で
用いられます。

□ 071　動
～を束縛する
shackle
/ʃǽkl/

s
伝統に束縛されている
be (　　　　) by tradition

受け身なので
過去分詞形が
入ります。

□ 072　動
～を受け入れる
embrace
/imbréis/

e
民主的な改革を受け入れる
(　　　　) democratic reforms

センテンスの空所を埋める ▶ センテンスを聞く))018

① 1970年の発足以来、そのメーカーは急速に成長した。

Since its ( ) **in 1970, the manufacturer has grown rapidly.**

② 私は彼女のショパンの作品の演奏に感動した。

I was moved by her ( ) **of the Chopin piece.**

③ 多くの人が将来に不安を抱いている。

Many people have ( ) **about their future.**

④ 保険業界は規則や規制に束縛されている。

The insurance industry is ( ) **by regulations and restrictions.**

⑤ 子どもは規範からよりも実例からより多くのことを学ぶ。

Children learn more from example than from ( ).

⑥ 民主主義は世界の大半の国々で受け入れられた。

Democracy has been ( ) **by a majority of countries in the world.**

⑦ 彼女は身体的かつ言葉による虐待のつらい体験を詳しく説明した。

She described her ( ) **of physical and verbal abuse.**

⑧ インシュリンの発見は糖尿病患者にとって恩恵だった。

The discovery of insulin was a ( ) **to those with diabetes.**

解答 | ① inception (068) ② rendition (066) ③ misgivings (070) ④ shackled (071) ⑤ precept (069)
⑥ embraced (072) ⑦ ordeal (067) ⑧ boon (065)

単語・熟語を読む ▶ 単語・熟語を書く ▶ フレーズの空所を埋める ▶ 単語・熟語・フレーズを聞く　　◗) 019

□ 073　動
〜にあだ名をつける
dub
/dʌ́b/

d
彼に「マジック」というあだ名をつける
(　　　　　) him "magic"

□ 074　動
〜の落成式を行う
inaugurate
/inɔ́ːgjurèit/

i
新しい学校の開校式を行う
(　　　　　　　　) a new school

「開所式」「開校式」
についても
用いられます。

□ 075　形
痛ましい
harrowing
/hǽrouiŋ/

h
痛ましい話
a (　　　　　　　) story

□ 076　形
亡くなった
deceased
/disíːst/

d
亡くなった親戚
one's (　　　　　) relative

□ 077　動
〜を手本にする
emulate
/émjulèit/

e
親の態度をまねる
(　　　　　) one's parents'
behavior

この意味も
押さえて
おきましょう。

□ 078　副
審美的に
aesthetically
/esθétikəli/

a
審美的に心地よい
(　　　　　　　) pleasing

発音注意!

□ 079　熟
〜を人々に忘れさせる
live down
l
彼の過去を人々に忘れさせる
(　　) (　　　　　) his past

□ 080　熟
〜を獲得する
drum up
d
資金を獲得する
(　　　) (　　　) money

Day 5

① あなたは決してそのことを人々に忘れさせることはできないだろう。

You will never be able to (　　　) it (　　　).

② 子どもたちはアイドルを手本にする傾向がある。

Children tend to (　　　) their idols.

③ その新空港の落成式を行うために 500 人を超える人々が集まった。

More than 500 people gathered to (　　　) the new airport.

④ この本は幼児虐待の痛ましい報告だ。

This book is a (　　　) account of child abuse.

⑤ その候補者は支持を獲得しようと何千枚ものちらしを配った。

The candidate distributed thousands of leaflets to (　　　) (　　) support.

⑥ その車のデザインは審美的に魅力がある。

The car design is (　　　) attractive.

⑦ 彼女の亡くなった同僚は 30 代だった。

Her (　　　) colleague was in his 30s.

⑧ エルビス・プレスリーは「ロックンロールのキング」というあだ名をつけられた。

Elvis Presley was (　　　) "the king of rock 'n' roll."

解答　① live, down (079)　② emulate (077)　③ inaugurate (074)　④ harrowing (075)　⑤ drum up (080)　⑥ aesthetically (078)　⑦ deceased (076)　⑧ dubbed (073)

Day 6 社会・文化6

単語・熟語を読む ▶ 単語・熟語を書く ▶ フレーズの空所を埋める ▶ 単語・熟語・フレーズを聞く ♪ 021

☐ 081 🔤
肖像
effigy
/éfidʒi/

e
大統領の肖像
an (　　　　　) of the president

主に、「醜く模した」肖像について用います。

☐ 082 🔤
存在
entity
/éntəti/

e
別個の存在
a separate (　　　　　)

☐ 083 🔤
問題点
glitch
/glítʃ/

g
コンピューターシステムの問題点
a (　　　　　) in the computer system

☐ 084 🔤
助言者
mentor
/méntɔːr/

m
政治的助言者
one's political (　　　　　)

発音注意！

☐ 085 🔤
大火災
conflagration
/kὰnfləgréiʃən/

c
大火に見舞われる
suffer from a (　　　　　)

☐ 086 🔤
くだらない言い争い
squabble
/skwάbl/

s
彼と〜のことでくだらない言い争いをする
have a (　　　　　) with him about 〜

☐ 087 🔤
不一致
discrepancy
/diskrépənsi/

d
2つの計算の間の不一致
the (　　　　　)
between the two calculations

アクセント注意！

☐ 088 🔤
厄介者
liability
/làiəbíləti/

l
〜にとって厄介者になる
become a (　　　　　) to 〜

31

センテンスの空所を埋める ▶ センテンスを聞く

① ソフトウエアの問題点により、少なくとも 25 の便に遅れが生じた。

At least 25 flights were delayed due to a software (　　　　).

② 彼はその政党にとって厄介者になりつつある。

He is becoming a (　　　　) to the party.

③ デモ参加者たちは政治指導者の肖像を燃やした。

The demonstrators burnt (　　　　) of political leaders.

④ 私は昨夜、お金のことで夫とくだらない言い争いをした。

I had a (　　　　) with my husband about money last night.

⑤ その大火災は瞬く間に町全体に広まった。

The (　　　　) spread rapidly through the town.

⑥ 彼は 20 年以上にわたる私の友人であり助言者だ。

He has been my friend and (　　　　) for over 20 years.

⑦ 世論と政策の間には不一致があることが多い。

There is often a (　　　　) between public opinion and policy.

⑧ 「ユートピア」は観念的な存在だ。

"Utopia" is an abstract (　　　　).

解答 | ① glitch (083)　② liability (088)　③ effigies (081)　④ squabble (086)　⑤ conflagration (085)
⑥ mentor (084)　⑦ discrepancy (087)　⑧ entity (082)

単語・熟語を読む ▶ 単語・熟語を書く ▶ フレーズの空所を埋める ▶ 単語・熟語・フレーズを聞く　　》023

□ 089　形
均質の
homogeneous
/hòumədʒíːniəs/

h
均質な社会
a (　　　　　　　　　) society

□ 090　形
有害な
detrimental
/dètrəméntl/

d
～への有害な影響
a (　　　　　　　　　) effect on ～

□ 091　動
～を除名する
expel
/ikspél/

e
生徒を退学処分にする
(　　　　　　　) a student from school

「～を除籍にする」
といった意味です。

□ 092　動
～を汚す
compromise
/kámprəmàiz/

c
安全性を損なう
(　　　　　　　) safety

アクセント注意！
この意味も押さえて
おきましょう。

□ 093　熟
～に浴する
bask in
/　/

b
称賛を浴びる
(　　　) (　　) the applause

□ 094　名
一致
convergence
/kənvə́ːrdʒəns/

c
利害の一致
a (　　　　　　　　　) of interests

□ 095　名
残骸
debris
/dəbríː/

d
残骸を片づける
clear the (　　　　　　　)

発音注意！

□ 096　名
碑文
inscription
/inskrípʃən/

i
墓碑銘
the (　　　　　　　)
on the gravestone

複数形が入ります。

Day 6

① 彼女はその賞を獲得する栄光に浴した。

She (　　　　　) (　　) the glory of winning the award.

② 私たちはその問題に関して意見の一致を見ることができた。

We could see a (　　　　　　　) of opinions on the issue.

③ 喫煙は健康に有害だ。

Smoking is (　　　　　　　) to your health.

④ 米国と比べると、日本は民族的に均質な国だ。

Japan is an ethnically (　　　　　　　　) country compared to the US.

⑤ 墜落機の残骸が上空から見えた。

(　　　　　　　) from the crashed plane was spotted from the air.

⑥ ロゼッタストーンの碑文は3つの異なる文字で書かれている。

The (　　　　　　　) on the Rosetta Stone is in three different scripts.

⑦ 彼は共和党から除名された。

He was (　　　　　　) from the Republican Party.

⑧ そのスキャンダルは彼の名誉を汚した。

The scandal (　　　　　　　) his honor.

解答　① basked in (093)　② convergence (094)　③ detrimental (090)　④ homogeneous (089)
　⑤ Debris (095)　⑥ inscription (096)　⑦ expelled (091)　⑧ compromised (092)

単語・熟語を読む ▶ 単語・熟語を書く ▶ フレーズの空所を埋める ▶ 単語・熟語・フレーズを聞く ◈ 025

□ 097 🈑
葉
foliage
/fóuliidʒ/

f
うっそうと茂った葉
dense (　　　　　)

□ 098 🈑
破片
splinter
/splíntər/

s
氷の破片
a (　　　　　) **of ice**

□ 099 🈑
屋根裏部屋
attic
/ǽtik/

a
屋根裏部屋を換気する
ventilate an (　　　　)

□ 100 🈑
子孫
descendant
/diséndənt/

d
〜の直系の子孫
a direct (　　　　　) **of 〜**

□ 101 🈑
受取人
recipient
/risípiənt/

r
肝臓移植を受けた人
a liver transplant (　　　　)

□ 102 🈑
峡谷
gorge
/gɔ́:rdʒ/

g
ライン峡谷
the Rhine (　　　　)

固有名詞なので大文字で始まります。

□ 103 🈑
最低限の生活
subsistence
/səbsístəns/

s
最低生活賃金
a (　　　　　) **wage**

□ 104 🈑
敷地
premise
/prémis/

p
敷地内で
on the (　　　　)

この意味では必ず複数形になります。

センテンスの空所を埋める ▶ センテンスを聞く 》026

① 常緑樹とは冬にその葉を失わない木のことだ。

Evergreens are trees that don't lose their (   ) in winter.

② 敷地内での喫煙は認められていない。

No smoking is allowed on the (   ).

③ その国の人口の約 60 パーセントは最低生活水準以下で暮らしている。

**About 60 percent of the country's population live below
(   ) level.**

④ その川は狭い峡谷を流れている。

The river runs through a narrow (   ).

⑤ 私たちは屋根裏部屋を物置に使っている。

We use the (   ) for storage.

⑥ ハワイ先住民は 1500 年以上前にそこに渡って来たポリネシア人の子孫だ。

**Native Hawaiians are (   ) of Polynesians who arrived
there more than 1,500 years ago.**

⑦ 通常、配達の際には受取人のサインが必要となる。

The (   ) signature is usually required on delivery.

⑧ 私のつま先にガラスの破片が刺さっている。

I have a (   ) of glass in my toe.

解答 ① foliage (097) ② premises (104) ③ subsistence (103) ④ gorge (102) ⑤ attic (099)
⑥ descendants (100) ⑦ recipient's (101) ⑧ splinter (098)

単語・熟語を読む ▶ 単語・熟語を書く ▶ フレーズの空所を埋める ▶ 単語・熟語・フレーズを聞く　》027

□ 105 🈯
小道具
gadget
/gǽdʒit/

g

台所用小道具
kitchen (　　　　　　)

複数形が入ります。

□ 106 🈯
面倒
hassle
/hǽsl/

h

面倒を避ける
avoid (　　　　　　)

複数形が入ります。

□ 107 🈂
～を傷つける
taint
/téint/

t

彼のイメージを傷つける
(　　　　　　) **his image**

□ 108 🈂
～に報いる
reciprocate
/risíprəkèit/

r

報われることのない愛
love that is not
(　　　　　　　　)

受け身なので
過去分詞形が
入ります。

□ 109 🈂
～を複製する
duplicate
/djúːpləkèit/

d

そのソフトウエアを複製する
(　　　　　　) **the software**

発音注意！

□ 110 🈂
～を焼き直す
rehash
/ríːhæʃ/

r

古いアイデアを焼き直す
(　　　　　　) **old ideas**

アクセント注意！

□ 111 🈂
～を退く
abdicate
/ǽbdəkèit/

a

王位を退く
(　　　　　　) **the throne**

□ 112 🈂
～の品位を落とす
debase
/dibéis/

d

自らの品位を落とす
(　　　　　　) **oneself**

Day 7

① その映画は古いテーマを焼き直したにすぎない。

The movie merely (　　　　　　) old themes.

② 私に面倒をかけないでください。

Don't give me any (　　　　).

③ 私たちは他者の思いやりに必ず報いるべきだ。

We should always (　　　　　　) others' kindness.

④ 戦争は人間の品位を落とす。

War (　　　　　) human beings.

⑤ エドワード8世は1936年に王位を退いた。

King Edward VIII (　　　　　) the throne in 1936.

⑥ この小道具を使えば、簡単にそして安全に野菜をスライスできる。

With this (　　　　), you can slice vegetables easily and safely.

⑦ このウェブサイトのいかなるコンテンツも複製したり配布したりすることが禁じられている。

It is prohibited to (　　　　　) or distribute any content of this website.

⑧ そのスキャンダルは政治家としての彼の評判を傷つけた。

The scandal (　　　　) his reputation as a politician.

解答 ① rehashes (110)　② hassle (106)　③ reciprocate (108)　④ debases (112)　⑤ abdicated (111)　⑥ gadget (105)　⑦ duplicate (109)　⑧ tainted (107)

単語・熟語を読む ▶ 単語・熟語を書く ▶ フレーズの空所を埋める ▶ 単語・熟語・フレーズを聞く 》029

□ 113 形
陳腐な
trite
/tráit/

t
陳腐な表現
a (　　　　　) expression

□ 114 形
蔓延した
pervasive
/pərvéisiv/

p
〜に広がっている社会問題
social problems (　　　　　) in 〜

「全面的に広がった」といった意味合いです。

□ 115 形
前例のない
unprecedented
/ʌnprésədəntid/

u
前例のない規模で
on an (　　　　　　　) scale

□ 116 熟
〜に干渉する
meddle in

m
彼女の私事に干渉する
(　　　　) (　　) her personal affairs

□ 117 熟
A を B に授ける
bestow A on B

b
その賞を彼女に授ける
(　　　　) the award (　　) her

□ 118 熟
うけない
fall flat

f
うけなかった映画
a movie that (　　　) (　　　)

最初の空所には過去形が入ります。

□ 119 名
称賛
adulation
/ædʒuléiʃən/

a
称賛の対象
the object of (　　　　　)

□ 120 名
団結
solidarity
/sὰlədǽrəti/

s
〜との団結を表明する
show one's (　　　　　) with 〜

センテンスの空所を埋める ► センテンスを聞く 》030

① 数千人もの労働者が団結してそのストライキに参加した。

Thousands of workers joined the strike in (　　　　　).

② その歌の歌詞は少し陳腐だ。

The lyrics of the song are a bit (　　　).

③ サイバー犯罪は前例のない水準に達している。

Cyber crime has reached an (　　　　　　　) level.

④ 彼の冗談は全くうけなかった。

His jokes (　　　) completely (　　　).

⑤ 名誉学位が彼に授けられた。

An honorary degree was (　　　　　) (　　) him.

⑥ 他の人の問題に干渉してはならない。

Don't (　　　　　) (　　) other people's business.

⑦ その歌手は世界中のファンに称賛された。

The singer gained the (　　　　　) of fans around the world.

⑧ 多くの発展途上国では汚職が蔓延している。

Corruption is (　　　　　) in many developing countries.

解答 ① solidarity (120) ② trite (113) ③ unprecedented (115) ④ fell, flat (118)
⑤ bestowed on (117) ⑥ meddle in (116) ⑦ adulation (119) ⑧ pervasive (114)

単語・熟語を読む　▶　単語・熟語を書く　▶　フレーズの空所を埋める　▶　単語・熟語・フレーズを聞く　　》031

□ 121 🔊
形
guise
/gáiz/

_g_

違った形で
in different (　　　　　)

発音注意！
複数形が入ります。

□ 122 🔊
迂回
detour
/díːtuər/

_d_

迂回する
take a (　　　　　)

□ 123 🔊
流動性
mobility
/moubíləti/

_m_

社会的流動性
social (　　　　　)

□ 124 🔊
逸脱
deviation
/dìːviéiʃən/

_d_

社会規範からの逸脱
(　　　　　) from social norms

□ 125 🔊
損害
detriment
/détrəmənt/

_d_

～に損害を与えるほど
to the (　　　　　) of ～

□ 126 🔊
設備
amenity
/əménəti/

_a_

最低限の設備
the basic (　　　　　)

通例、複数形で
用いられます。

□ 127 🔊
特権
prerogative
/prirágətiv/

_p_

～する特権を持っている
have the (　　　　　) to do ～

□ 128 🔊
格言
maxim
/mǽksim/

_m_

格言を引用する
quote a (　　　　　)

センテンスの空所を埋める ▶ センテンスを聞く 　》032

① 私は交通渋滞を避けるために迂回した。

I took a (　　　　　　　) to avoid the traffic jam.

② 彼は家庭生活に損害を与えるほど仕事のことで頭がいっぱいになっている。

He is preoccupied with his work to the (　　　　　　　) of his family life.

③ 悪魔は多くの文化の中で違った形で現れる。

The devil appears in different (　　　　　　　) in many cultures.

④ 格言にもあるように、「時は金なり」だ。

As the (　　　　　　　) says, "Time is money."

⑤ 教育は富裕層の特権であってはならない。

Education should not be the (　　　　　　　) of the rich.

⑥ これらの指針からのいかなる逸脱も認められていない。

No (　　　　　　　) from these guidelines is permitted.

⑦ 社会的流動性は民主主義の重要な概念だ。

Social (　　　　　　　) is a key concept of democracy.

⑧ 各客室にはインターネット接続やケーブルテレビなどの設備が備えられている。

Each guest room is equipped with (　　　　　　　) such as Internet access and cable TV.

解答 | ① detour (122)　② detriment (125)　③ guises (121)　④ maxim (128)　⑤ prerogative (127)
⑥ deviation (124)　⑦ mobility (123)　⑧ amenities (126)

単語・熟語を読む ▶ 単語・熟語を書く ▶ フレーズの空所を埋める ▶ 単語・熟語・フレーズを聞く   ))) 033

☐ 129 🔄
前例
precedent
/présədənt/

p

前例を作る
set a (   )

☐ 130 🔄
確執
feud
/fjúːd/

f

家族内の確執
a family (   )

発音注意！

☐ 131 🔄
殺虫剤
pesticide
/péstəsàid/

p

農作物に殺虫剤を散布する
spray (   ) on crops

複数形が入ります。

☐ 132 📖
〜の先頭に立つ
spearhead
/spíərhèd/

s

キャンペーンの先頭に立つ
(   ) a campaign

☐ 133 📖
意見が一致する
concur
/kənkɔ́ːr/

c

彼と意見が一致する
(   ) with him

☐ 134 📖
〜を避難させる
evacuate
/ivǽkjuèit/

e

地元住民を避難させる
(   ) local residents

☐ 135 📖
〜を取り戻す
reclaim
/rikléim/

r

遺失物を取り戻す
(   ) lost property

☐ 136 📖
〜に浸透する
permeate
/pə́ːrmièit/

p

国民に浸透する
(   ) the nation

① その団体は教育制度を改革するキャンペーンの先頭に立ってきた。

The organization has been (　　　　　　　　) a campaign to reform the educational system.

② 殺虫剤は人にとって有害なこともある。

(　　　　　　　　) can be harmful to people.

③ 彼女はなくしたハンドバッグを取り戻しに警察署へ行った。

She went to the police station to (　　　　) her lost purse.

④ 2万人を超える人々が自宅から避難した。

Over 20,000 people were (　　　　　　) from their houses.

⑤ 経済的悲観論が私たちの社会に浸透している。

Economic pessimism (　　　　　　) our society.

⑥ 2008年の金融危機は戦後の経済史において前例がないものだった。

The financial crisis in 2008 was without (　　　　　　) in postwar economic history.

⑦ 地球温暖化は否定できない現実となっているということでほとんどの科学者は意見が一致している。

Most scientists (　　　　) that global warming has become an undeniable reality.

⑧ 両国間には長年の確執がある。

There is a long-standing (　　　) between the two countries.

解答　① spearheading (132)　② Pesticides (131)　③ reclaim (135)　④ evacuated (134)
　　　⑤ permeates (136)　⑥ precedent (129)　⑦ concur (133)　⑧ feud (130)

単語・熟語を読む ▶ 単語・熟語を書く ▶ フレーズの空所を埋める ▶ 単語・熟語・フレーズを聞く　》035

□ 137 形
誤解を招きかねない
misleading
/mislíːdiŋ/

m
誤解を招きかねない**発言**
(　　　　　　　) **statements**

□ 138 形
人目につかない
secluded
/siklúːdid/

s
人目につかない**浜辺**
a (　　　　　　　) **beach**

□ 139 形
崇高な
sublime
/səbláim/

s
崇高な**美**
(　　　　　　　) **beauty**

□ 140 形
共同の
communal
/kəmjúːnəl/

c
共同**キッチン**
a (　　　　　　　) **kitchen**

□ 141 熟
〜を超えて広がる
cut across

c
境界を超えて広がる
(　　　) (　　　　　　　) **boundaries**

□ 142 熟
A を B だと称賛する
hail A as B

h
〜を最高傑作だと称賛する
(　　　) 〜 (　　　) **a masterpiece**

□ 143 熟
A に〜するよう呼びかける
exhort A to do

e
人々に投票するよう呼びかける
(　　　　　　　) **people** (　　　) **vote**

□ 144 熟
〜に役立つ
be conducive to

be c
学習に役立つ環境
an environment (　　　　　　　) (　　　) **learning**

センテンスの空所を埋める ▶ センテンスを聞く　　　　　　　　　　　　　　　》036

① モーツァルトの『レクイエム』は最も崇高な音楽作品の 1 つだ。

Mozart's "Requiem" is one of the most (　　　　　　) pieces of music.

② その大統領の人気は、年齢や性別、宗教を超えて広がっている。

The president's popularity (　　　) (　　　　　　) age, gender, and religion.

③ 各階には共同のトイレ、シャワー、そして洗濯室がある。

Each floor has a (　　　　　　) bathroom, showers, and laundry room.

④ 定期的な運動は健康に役立つ。

Regular exercise is (　　　　　　) (　　) good health.

⑤ そのイベントは大成功だと称賛された。

The event was (　　　　) (　　) a great success.

⑥ 広告には誤解を招きかねない情報が含まれていてはならない。

Advertising must not contain (　　　　　　) information.

⑦ その老人は田舎の人目につかない家に住んでいる。

The old man lives in a (　　　　　) house in the countryside.

⑧ その宗教指導者はデモ参加者たちに暴力行為を避けるよう呼びかけた。

The religious leader (　　　　　) demonstrators (　　) avoid violence.

解答　① sublime (139)　② cuts across (141)　③ communal (140)　④ conducive to (144)
　　　⑤ hailed as (142)　⑥ misleading (137)　⑦ secluded (138)　⑧ exhorted, to (143)

CHAPTER

2

政治・経済

Chapter 2では、英検1級
の「政治・経済」関連の長
文問題で頻出の単語・熟語
112を見ていきましょう。
「書く」学習は続けていま
すか？ スペースがびっし
り埋まるまで書き込みまし
ょう。

単語・熟語を読む ▶ 単語・熟語を書く ▶ フレーズの空所を埋める ▶ 単語・熟語・フレーズを聞く 》 037

□ 145 形
もうかる
lucrative
/lúːkrətiv/

l
もうかる商売
a (　　　　　　) business

□ 146 動
〜を操る
manipulate
/mənípjulèit/

m
人々を操る
(　　　　　　　) people

□ 147 名
士気
morale
/mərǽl/

m
士気を高める
boost (　　　　　)

発音注意！

□ 148 名
中止
cessation
/seséiʃən/

c
核実験の中止
a (　　　　　) of nuclear tests

□ 149 名
必要条件
prerequisite
/priːrékwəzit/

p
そのプロジェクトの成功の必要条件
a (　　　　　　) for
the success of the project

発音注意！

□ 150 名
格差
disparity
/dispǽrəti/

d
所得格差
a (　　　　　) in income

□ 151 動
〜を開発する
exploit
/iksplɔ́it/

e
新しい技術を利用する
(　　　　　) new technology

この意味も
押さえて
おきましょう。

□ 152 名
条例
ordinance
/ɔ́ːrdənəns/

o
条例を公布する
issue an (　　　　　)

センテンスの空所を埋める ▶ センテンスを聞く　　　　　　　　　　　　　》038

① 貧富間の経済的格差は減らされなければならない。

The economic (　　　　　　　　) between rich and poor must be reduced.

② 国連はその地域での戦闘の即時中止を求めている。

The UN has called for an immediate (　　　　　　　　) of hostilities in the region.

③ その政治家は世論を操るのがうまい。

The politician is good at (　　　　　　　　) public opinion.

④ カイコの飼育は多くの農業地帯でもうかる商売だった。

Silkworm breeding was a (　　　　　　　　) business in many agricultural regions.

⑤ その条例は住居用および商業用ビルの高さを規制している。

The (　　　　　　　　) regulates the height of residential and commercial buildings.

⑥ 天然資源は環境的に持続可能な方法で開発されなければならない。

Natural resources must be (　　　　　　　　) in an environmentally sustainable way.

⑦ コンピューターの操作能力がその職の必要条件だ。

Computer literacy is a (　　　　　　　　) for the position.

⑧ 従業員の士気は生産性に影響を与える。

The (　　　　　) of employees affects their productivity.

解答　① disparity (150) ② cessation (148) ③ manipulating (146) ④ lucrative (145)
⑤ ordinance (152) ⑥ exploited (151) ⑦ prerequisite (149) ⑧ morale (147)

単語・熟語を読む ▶ 単語・熟語を書く ▶ フレーズの空所を埋める ▶ 単語・熟語・フレーズを聞く))) 039

□ 153 名
影響力
clout
/kláut/

c
経済的影響力
economic (   )

□ 154 名
亡命
asylum
/əsáiləm/

a
政治亡命を求める
seek political (   )

□ 155 名
特典
perk
/pə́:rk/

p
特典の多い仕事
a job with many (   )

通例、複数形で用いられます。

□ 156 名
相当する人 [もの]
counterpart
/káuntərpà:rt/

c
日本で米国の上院に相当するもの
the Japanese (   ) of the US Senate

□ 157 名
障害
impediment
/impédəmənt/

i
経済成長の障害
an (   ) to economic growth

□ 158 名
ノルマ
quota
/kwóutə/

q
ノルマを果たす
fill a (   )

meet a quota とも言います。

□ 159 動
～を取り戻す
recoup
/rikú:p/

r
損失を取り戻す
(   ) one's losses

□ 160 動
～を清算する
liquidate
/líkwidèit/

l
会社を清算する
(   ) a company

センテンスの空所を埋める ▶ センテンスを聞く　　　　　　　　　　　　　　》040

① 資金難の結果、その会社は昨年、清算された。

As a result of financial difficulties, the firm was (　　　　　　　) last year.

② 初期費用を取り戻すには数年かかるだろう。

It will take several years to (　　　　　) the initial cost.

③ 日本の外務大臣は米国の国務長官に相当する人だ。

The Japanese foreign minister is the (　　　　　　　) of the American secretary of state.

④ 社用車があることが彼の仕事の特典の1つだ。

Having a company car is one of the (　　　　) of his job.

⑤ 彼は非常に大きい影響力を持つ政治家だ。

He is a politician with enormous (　　　　).

⑥ 彼は販売ノルマを果たしてボーナスをもらった。

He met his sales (　　　　) and got a bonus.

⑦ 貧困はその国の発展の最大の障害となっている。

Poverty is the greatest (　　　　　　　) to the development of the country.

⑧ その難民は英国への亡命を認められた。

The refugee was granted (　　　　　) in the UK.

解答 ① liquidated (160) ② recoup (159) ③ counterpart (156) ④ perks (155) ⑤ clout (153)
⑥ quota (158) ⑦ impediment (157) ⑧ asylum (154)

単語・熟語を読む ▶ 単語・熟語を書く ▶ フレーズの空所を埋める ▶ 単語・熟語・フレーズを聞く))) 041

□ 161 熟
〜を救済する
bail out

b
破産寸前の会社を救済する
(　　　) (　　　　) a near-bankrupt company

□ 162 名
反体制派
dissident
/dísədənt/

d
政治的反体制派
political (　　　　　　　)

複数形が入ります。

□ 163 名
最後通牒
ultimatum
/ʌ̀ltəméitəm/

u
〜に最後通牒を出す
issue an (　　　　　　) **to 〜**

アクセント注意！

□ 164 名
集中砲火
barrage
/bərá:ʒ/

b
非難の集中砲火
a (　　　　　) **of criticism**

発音注意！
比喩的にも
用いられます。

□ 165 名
策略
gimmick
/gímik/

g
宣伝用の策略
a promotional (　　　　　)

□ 166 名
完敗
rout
/ráut/

r
選挙での完敗
an electoral (　　　)

□ 167 動
〜を鎮圧する
quell
/kwél/

q
暴動を鎮圧する
(　　　　) **the violence**

□ 168 形
実現可能な
viable
/váiəbl/

v
商業的に実現可能な
commercially (　　　　)

セン テンスの空所を埋める ▶ センテンスを聞く 》 042

① デモを鎮圧するため警察が招集された。

Police were summoned to (　　　　) **the demonstration.**

② その政治家はスキャンダルに関する質問の集中砲火を受けた。

The politician faced a (　　　　　　) **of questions over the scandal.**

③ 国連は、交戦地帯から撤退することを求める最後通牒をその国に出した。

The UN issued an (　　　　　　　) **to the country, demanding withdrawal from the war zone.**

④ その銀行は政府によって救済された。

The bank was (　　　　) (　　) **by the government.**

⑤ 電気自動車は商業的に実現可能になりつつある。

Electric cars are becoming commercially (　　　　).

⑥ その選挙は現職者の完敗だった。

The election was a (　　　) **for the incumbent.**

⑦ 50 人を超える反体制派が軍事政権によって投獄された。

More than 50 (　　　　　　) **were jailed by the military regime.**

⑧ そのアニメのキャラクターは、より多くの製品を売るための策略だった。

The cartoon character was a (　　　　　　) **to sell more products.**

解答 ① quell (167)　② barrage (164)　③ ultimatum (163)　④ bailed out (161)　⑤ viable (168)
⑥ rout (166)　⑦ dissidents (162)　⑧ gimmick (165)

単語・熟語を読む ▶ 単語・熟語を書く ▶ フレーズの空所を埋める ▶ 単語・熟語・フレーズを聞く　♪) 043

□ 169 形
製薬の
pharmaceutical
/fɑ̀ːrməsúːtikəl/

p

製薬産業

the (　　　　　　　　　) industry

発音注意！

□ 170 形
不安定な
volatile
/vάlətl/

v

不安定な為替レート

a (　　　　　) exchange rate

□ 171 熟
〜を段階的に停止する
phase out

p

〜への補助金を段階的に廃止する

(　　　)(　　　) subsidies to 〜

□ 172 名
反発
backlash
/bǽklæʃ/

b

人種差別に対する反発

a (　　　　　) against racism

□ 173 名
支持者
adherent
/ædhíərənt/

a

民主党の支持者たち

(　　　　　) of the Democratic Party

複数形が入ります。

□ 174 名
行き詰まり
impasse
/ímpæs/

i

和平交渉の行き詰まり

an (　　　　) in the peace talks

発音注意！

□ 175 名
配当
dividend
/dívədènd/

d

1株当たりの年間配当

an annual (　　　　　) per share

□ 176 名
大失敗
fiasco
/fiǽskou/

f

大失敗に終わる

end in a (　　　　　)

センテンスの空所を埋める ▶ センテンスを聞く 》044

① 彼女の夫は大手の製薬会社に勤務している。

Her husband works for a major ( ) **company.**

② 政府はその税金をめぐって国民の反発に直面している。

The government has faced a public ( ) **over the tax.**

③ その会社は白熱電球の生産を段階的に停止する計画を発表した。

The company announced plans to ( ) ( ) **the production of incandescent bulbs.**

④ その会社は今年の配当を公表した。

The firm has declared its ( ) **for this year.**

⑤ その映画は商業的には大失敗だった。

The movie was a commercial ( ).

⑥ 彼はかねてからの共和党支持者だ。

He has long been an ( ) **of the Republican Party.**

⑦ 従業員と経営陣の間の交渉は行き詰まってしまった。

Negotiations between the employees and the management have reached an ( ).

⑧ その国の政治情勢は現在、非常に不安定だ。

The political situation in the country is very ( ) **at the moment.**

解答 ① pharmaceutical (169) ② backlash (172) ③ phase out (171) ④ dividends (175)
⑤ fiasco (176) ⑥ adherent (173) ⑦ impasse (174) ⑧ volatile (170)

□ 177 🔲
中心（地）
hub
/hʌ́b/

h
商業の中心地
a (　　　) of commerce

□ 178 🔲
〜を配置する
deploy
/diplɔ́i/

d
軍隊を配置する
(　　　　) troops

□ 179 🔲
憲法の
constitutional
/kὰnstətjúːʃənl/

c
憲法の条項
a (　　　　　) clause

□ 180 🔲
譲歩
concession
/kənséʃən/

c
譲歩する
make a (　　　　)

□ 181 🔲
流入
influx
/ínflʌ̀ks/

i
難民の流入
an (　　　) of refugees

□ 182 🔲
〜を転覆させる
subvert
/səbvə́ːrt/

s
国家を転覆させる
(　　　　) the state

□ 183 🔲
〜に補助金を与える
subsidize
/sʌ́bsədàiz/

s
自動車産業に補助金を与える
(　　　　) the auto industry

□ 184 🔲
〜に着手する
undertake
/ʌ̀ndərtéik/

u
新しいプロジェクトに着手する
(　　　　) a new project

センテンスの空所を埋める ▶ センテンスを聞く 　 》046

① 観光客の流入はその地域に多くの利益をもたらしている。

The (　) of tourists has brought many benefits to the region.

② その政治家は憲法改正の支持者だ。

The politician is an advocate of (　) reform.

③ ニューヨークは国際ビジネスの中心だ。

New York is a (　) of international business.

④ 教育には政府から多額の補助金が与えられている。

Education is highly (　) by the government.

⑤ 犯人たちは政府を転覆させようと企てた。

The criminals plotted to (　) the government.

⑥ 政府はより多くの改革に着手する必要がある。

The government needs to (　) more reforms.

⑦ 米国はテロリストに対していかなる譲歩もしないと大統領は言った。

The president said that the US will make no (　) to terrorists.

⑧ 約12万の米兵がイラクに配置された。

About 120,000 US soldiers were (　) in Iraq.

解答 | ① influx (181)　② constitutional (179)　③ hub (177)　④ subsidized (183)　⑤ subvert (182)
⑥ undertake (184)　⑦ concessions (180)　⑧ deployed (178)

単語・熟語を読む ▶ 単語・熟語を書く ▶ フレーズの空所を埋める ▶ 単語・熟語・フレーズを聞く　》047

□ 185 動
〜の防備を固める
fortify
/fɔ́:rtəfài/

f_____
国境の防備を固める
(　　　　　　　　) the border

□ 186 動
〜を鎮圧する
suppress
/səprés/

s_____
暴動を鎮圧する
(　　　　　　　　) a rebellion

□ 187 形
経験豊かな
savvy
/sǽvi/

s_____
経験豊かな実業家
a (　　　　　) businessman

□ 188 形
不振な
sluggish
/slʌ́giʃ/

s_____
不振な地方経済
a (　　　　　) local economy

□ 189 熟
〜を帳消しにする
write off

w_____
彼の借金を帳消しにする
(　　　) (　　　) his debt

□ 190 熟
〜に介入する
intervene in

i_____
内政に干渉する
(　　　　　) (　　　) the internal affairs

この意味も押さえておきましょう。

□ 191 名
住宅ローン
mortgage
/mɔ́:rgidʒ/

m_____
住宅ローンを組む
take out a (　　　　　　　)

発音注意！

□ 192 名
純資産額
equity
/ékwəti/

e_____
その不動産の純資産額
(　　　　　　　) in the real estate

センテンスの空所を埋める ▶ センテンスを聞く　　　　　　　　　》048

① ハンガリー革命はソビエト軍によって鎮圧された。

The Hungarian Revolution was (　　　　　　　　) by the Soviet military.

② その銀行は不良債権のうちの 1500 万ドルを帳消しにした。

The bank (　　　　　) (　　) $15 million in bad loans.

③ 国内の新車販売台数は不振なままだ。

Domestic new car sales remain (　　　　　　).

④ 彼女は自宅に 20 万ドルの住宅ローンを組んだ。

She took out a $200,000 (　　　　　　) on her house.

⑤ その会社の純資産額は 1 億 9000 万ドルと見積もられた。

The company's (　　　　　) was valued at $190 million.

⑥ 政府は自由市場に介入すべきではない。

The government should not (　　　　　　) (　　) a free market.

⑦ その地域は侵略の脅威に対して防備を固められた。

The area was (　　　　　) against the threat of invasion.

⑧ 彼は経験豊かな投資家だ。

He is a (　　　　) investor.

解答　① suppressed（186）　② wrote off（189）　③ sluggish（188）　④ mortgage（191）　⑤ equity（192）
　　　⑥ intervene in（190）　⑦ fortified（185）　⑧ savvy（187）

単語・熟語を読む ▶ 単語・熟語を書く ▶ フレーズの空所を埋める ▶ 単語・熟語・フレーズを聞く　　)) 049

□ 193 　名
前兆
prelude
/prélju:d/

p
危機の前兆
a (　　　　　) to a crisis

□ 194 　名
行き詰まり
stalemate
/stéilmèit/

s
行き詰まる
reach a (　　　　　)

□ 195 　名
保険料
premium
/prí:miəm/

p
毎月 50 ドルの保険料
a monthly (　　　　　) of $50

発音注意！

□ 196 　名
障害
hindrance
/híndrəns/

h
発展の障害
a (　　　　　) to development

□ 197 　名
口実
pretext
/prí:tekst/

p
〜を…の口実として使う
use 〜 as a (　　　　　) for . . .

アクセント注意！

□ 198 　動
〜を結ぶ
forge
/fɔ́:rdʒ/

f
〜と関係を築く
(　　　　　) a relationship with 〜

この意味も
押さえて
おきましょう。

□ 199 　動
〜を負う
incur
/inkə́:r/

i
100 ドルの罰金を負う
(　　　　　) a fine of $100

□ 200 　形
単調でつまらない
menial
/mí:niəl/

m
単調でつまらない仕事
a (　　　　　) job

センテンスの空所を埋める ► センテンスを聞く　　　　　　　　　　》050

① ロボットは既に、一定の単調でつまらない肉体労働を行っている。

Robots already perform certain (　　　　　) physical tasks.

② 「対テロ戦争」という表現は軍事介入の口実として使われてきた。

The phrase "war against terrorism" has been used as a (　　　　　) for military intervention.

③ フランス革命は他国の革命の前兆だった。

The French Revolution was a (　　　　　) to revolutions in other countries.

④ 両国は和平交渉の行き詰まりを打開する必要がある。

Both countries need to break the (　　　　　) in the peace talks.

⑤ 官僚主義がその国の経済成長の障害である。

Bureaucracy is a (　　　　　) to economic growth in that country.

⑥ 英国は 1902 年に日本と同盟関係を結んだ。

Great Britain (　　　　　) an alliance with Japan in 1902.

⑦ その航空会社は多額の負債を負って、破産を申請した。

The airline (　　　　　) huge debts and filed for bankruptcy.

⑧ 私は年間の自動車保険の保険料に約 500 ドルを払っている。

I pay about $500 in annual car insurance (　　　　　).

解答 ① menial (200)　② pretext (197)　③ prelude (193)　④ stalemate (194)　⑤ hindrance (196)
⑥ forged (198)　⑦ incurred (199)　⑧ premiums (195)

単語・熟語を読む ▶ 単語・熟語を書く ▶ フレーズの空所を埋める ▶ 単語・熟語・フレーズを聞く 　》051

□ 201 　形
堅調な
robust
/roubʌ́st/

r

堅調な国内経済
a (　　　　　) domestic economy

アクセント注意！

□ 202 　動
〜を再活性化する
revitalize
/ri:váitəlaiz/

r

自動車産業を再活性化する
(　　　　　　) the auto industry

□ 203 　動
解散する
disband
/disbǽnd/

d

解散する予定である
be scheduled to (　　　　　　)

□ 204 　熟
A をそそのかして〜させる
entice A to do

e

彼をそそのかしてその仕事を引き受けさせる
(　　　　) him (　　　) take the job

□ 205 　名
大失敗
debacle
/dəbá:kl/

d

大失敗に終わる
end in a (　　　　　)

□ 206 　名
同盟国
ally
/ǽlai/

a

中国の同盟国
an (　　　) of China

アクセント注意！

□ 207 　名
委託貨物
consignment
/kənsáinmənt/

c

医薬品の委託貨物
a (　　　　　　　) of medicine

□ 208 　名
連立
coalition
/kòuəlíʃən/

c

〜と連立する
form a (　　　　　　) with 〜

Day 13

① その政党は選挙で1つも議席が得られなかったので解散した。

The party（　　　　　　　　　　　　）after failing to win a single seat in the election.

② 首相は経済を再活性化すると約束した。

The prime minister promised to（　　　　　　　　　）the economy.

③ その国の経済は堅調な状態が続いている。

The country's economy remains（　　　　　　）.

④ 米国は日本の最も重要な同盟国だと首相は言った。

The prime minister said that the US is Japan's most important（　　　　）.

⑤ その販売促進キャンペーンは全くの大失敗に終わった。

The promotional campaign ended in a complete（　　　　　　）.

⑥ 広告は消費者をそそのかしてそれほど必要のない物を買わせようとする。

Advertisements try to（　　　　　　）consumers（　　）buy things they don't really need.

⑦ 税関職員は偽造商品の委託貨物を押収した。

Customs officers seized a（　　　　　　　　　　　）of counterfeit goods.

⑧ 総選挙の後に、4党連立政権が形成された。

After the general election, a four-party（　　　　　　　　）government was formed.

| 解答 | ① disbanded（203）　② revitalize（202）　③ robust（201）　④ ally（206）　⑤ debacle（205）
⑥ entice, to（204）　⑦ consignment（207）　⑧ coalition（208） |

単語・熟語を読む ▶ 単語・熟語を書く ▶ フレーズの空所を埋める ▶ 単語・熟語・フレーズを聞く　 》053

□ 209 名
赤字
deficit
/défəsit/

d

財政赤字
a budget (　　　　　)

□ 210 名
起業家
entrepreneur
/à:ntrəprənə́:r/

e

女性起業家
a female (　　　　　　　　)　発音注意！

□ 211 名
最適の仕事
niche
/nítʃ/

n

～に最適の仕事を見つける
find one's (　　　　　) in ～

□ 212 名
部下
subordinate
/səbɔ́:rdənət/

s

部下の士気を高める
**boost (　　　　　　　　　　)
morale**　発音注意！
複数形の所有格が入ります。

□ 213 形
明敏な
astute
/əstjú:t/

a

明敏な政治家
an (　　　　　) politician

□ 214 動
論争する
wrangle
/rǽŋgl/

w

契約の詳細のことで論争する
(　　　　　　　　　) over the details of the contract

□ 215 動
～を自由化する
deregulate
/di:régjulèit/

d

金融業界を自由化する
(　　　　　　　　　　) the financial industry

□ 216 動
～を質に入れる
pawn
/pɔ́:n/

p

腕時計を 50 ドルで質に入れる
(　　　　　) one's watch for $50

Day 14

① 彼は部下や同僚たちに尊敬されている。

He is respected by his (　　　　　　　　　　) and colleagues.

② 日本は巨額の財政赤字を抱えている。

Japan is running a huge budget (　　　　　).

③ 彼女は借金を返すために宝石を質に入れた。

She (　　　　　) her jewels to pay a debt.

④ 米国では 1978 年に航空業界が自由化された。

The airline industry was (　　　　　　　　) in the US in 1978.

⑤ 彼女は明敏な実業家だ。

She is an (　　　　　) businesswoman.

⑥ 彼女はファッション界に自分に最適の仕事をようやく見つけた。

She has finally found her (　　　　　) in the fashion world.

⑦ 彼の夢はビル・ゲイツのような起業家になることだ。

His dream is to become an (　　　　　　　　) like Bill Gates.

⑧ 数十年にわたって、両国は国境線のことで論争し続けている。

For decades, the two countries have been (　　　　　　　) over the boundary line.

解答　① subordinates (212)　② deficit (209)　③ pawned (216)　④ deregulated (215)　⑤ astute (213)
　　　⑥ niche (211)　⑦ entrepreneur (210)　⑧ wrangling (214)

単語・熟語を読む ▶ 単語・熟語を書く ▶ フレーズの空所を埋める ▶ 単語・熟語・フレーズを聞く))) 055

□ 217 動
〜を抑止する
deter
/ditə́:r/

d

犯罪を抑止する
(　　　　　) crime

□ 218 動
失敗する
founder
/fáundər/

f

〜により失敗する
(　　　　　　) on 〜

□ 219 熟
〜を大量生産する
churn out

c

商品を大量生産する
(　　　　)(　　　) goods

□ 220 熟
〜につけ込んでもうける
cash in on

c

他人の不幸につけ込んでもうける
(　　)(　　)(　　　) others' misfortune

□ 221 名
会計監査
audit
/ɔ́:dit/

a

会計監査を行う
carry out an (　　　　)

□ 222 名
在庫品
inventory
/ínvəntɔ̀:ri/

i

在庫管理
(　　　　　　) control

□ 223 名
自治
autonomy
/ɔ:tánəmi/

a

地方自治
local (　　　　　　)

□ 224 名
実現可能性
viability
/vàiəbíləti/

v

電気自動車の実現可能性
the (　　　　　) of electric cars

センテンスの空所を埋める ▶ センテンスを聞く 》056

① 核兵器は戦争を抑止すると言う人もいる。

Some say that nuclear weapons (　　　　) war.

② そのプロジェクトの実現可能性が脅かされている。

The (　　　　　　) of the project is threatened.

③ 日本は政治上の自治を 1951 年に回復した。

Japan regained political (　　　　　　) in 1951.

④ すべての上場企業は毎年、会計監査報告書を提出しなければならない。

All listed companies must file annual (　　　　) reports.

⑤ その工場は安物の模造品を大量生産している。

The factory is (　　　　) (　　) cheap imitations.

⑥ そのプロジェクトは資金不足により失敗した。

The project (　　　　) on lack of funding.

⑦ 当店では倉庫に大量の新しいコンピューターの在庫がある。

We have a large (　　　　　) of new computers in our warehouse.

⑧ 彼はインターネットの新興企業ブームにつけ込んでもうけた。

He (　　　　) (　　) (　　) the Internet start-up boom.

解答 ① deter (217) ② viability (224) ③ autonomy (223) ④ audit (221) ⑤ churning out (219)
⑥ foundered (218) ⑦ inventory (222) ⑧ cashed in on (220)

単語・熟語を読む ▶ 単語・熟語を書く ▶ フレーズの空所を埋める ▶ 単語・熟語・フレーズを聞く))) 057

□ 225 名
経営者
proprietor
/prəpráiətər/

p.

ホテル経営者
a hotel (   )

□ 226 名
監禁
confinement
/kənfáinmənt/

c.

監禁されている
be placed in (   )

□ 227 名
特許
patent
/pætnt/

p.

特許を申請する
file a (   )

□ 228 名
補助金
subsidy
/sʌ́bsədi/

s.

農家への補助金
(   ) to farmers

複数形が入ります。

□ 229 名
強制送還
deportation
/dìːpɔːrtéiʃən/

d.

不法移民の強制送還
the (   ) of illegal immigrants

□ 230 名
派閥
clique
/klík/

c.

派閥を組む
form a (   )

□ 231 名
前兆
omen
/óumən/

o.

吉兆
a good (   )

□ 232 名
報復
retribution
/rètrəbjúːʃən/

r.

～に対する報復として
in (   ) for ～

Day 15

① その家族は強制送還に直面している。

The family is facing (　　　　　　　　).

② その目撃者は報復を恐れて証言を拒否した。

The witness refused to testify for fear of (　　　　　　　　).

③ 最近の株価の上昇は国内経済にとってよい前兆だ。

The recent rise in stock prices is a good (　　　　) for the domestic economy.

④ 米国では、ほとんどの特許は申請日から 20 年間有効である。

In the US, most (　　　　　　) are valid for 20 years from the date of filing.

⑤ 彼は政治犯として 5 年間を独房に監禁されて過ごした。

He spent five years in solitary (　　　　　　　　) as a political prisoner.

⑥ 私のおじは 5 軒のレストランの経営者だ。

My uncle is the (　　　　　　　) of five restaurants.

⑦ どの学校にも多くの派閥がある。

There are many (　　　　　　) in every school.

⑧ その会社は政府の補助金で生き延びている。

The company is surviving on government (　　　　　　).

解答 | ① deportation (229)　② retribution (232)　③ omen (231)　④ patents (227)
⑤ confinement (226)　⑥ proprietor (225)　⑦ cliques (230)　⑧ subsidies (228)

単語・熟語を読む ▶ 単語・熟語を書く ▶ フレーズの空所を埋める ▶ 単語・熟語・フレーズを聞く　)) 059

□ 233　名
誇大広告
hype
/háip/

h＿＿＿＿＿＿＿＿＿
マスコミによる誇大広告
media（　　　　　）

□ 234　名
恩赦
amnesty
/ǽmnəsti/

a＿＿＿＿＿＿＿＿＿
〜に恩赦を与える
grant（　　　　　　　）**for 〜**

アクセント注意！

□ 235　動
〜を派遣する
dispatch
/dispǽtʃ/

d＿＿＿＿＿＿＿＿＿
〜に使節を派遣する
（　　　　　　　）**envoys to 〜**

□ 236　動
〜を抑制する
curb
/kə́:rb/

c＿＿＿＿＿＿＿＿＿
公共支出を抑制する
（　　　　　）**public spending**

□ 237　熟
〜を組む
take out

t＿＿＿＿＿＿＿＿＿
自動車ローンを組む
（　　　）（　　　）**a car loan**

□ 238　熟
手を引く
back out

b＿＿＿＿＿＿＿＿＿
その取引から手を引く
（　　　）（　　　）**of the deal**

□ 239　熟
A を B に委任する
delegate A to B

d＿＿＿＿＿＿＿＿＿
〜に権限を委任する
（　　　　　　）**authority**（　　）**〜**

□ 240　名
制裁
sanction
/sǽŋkʃən/

s＿＿＿＿＿＿＿＿＿
制裁を加える
impose（　　　　　　　）

通例、複数形で
用いられます。

Day 15

① 私たちの家の買い手は土壇場になって契約から手を引いた。
The buyer of our house (　　　　　) (　　) of the contract at the last minute.

② 米国はその国に対して経済制裁を加えた。
The US imposed economic (　　　　　　) on the country.

③ すべての政治犯は戦争終結時に恩赦を与えられた。
All political prisoners were granted (　　　　　) at the end of the war.

④ インターネットは誇大広告で満ちあふれている。
The Internet is filled with (　　　　).

⑤ その国はインフレを抑制する対策を講じるだろう。
The country will take steps to (　　　　) inflation.

⑥ 彼は20年の住宅ローンを組んだ。
He (　　　) (　　) a 20-year mortgage.

⑦ あなたはより多くの責任を部下に委任したほうがいい。
You should (　　　　　) more responsibilities (　　) your subordinates.

⑧ 国連の平和維持軍がその国に派遣された。
UN peacekeepers were (　　　　　　) to the country.

解答　① backed out (238)　② sanctions (240)　③ amnesty (234)　④ hype (233)　⑤ curb (236)　⑥ took out (237)　⑦ delegate, to (239)　⑧ dispatched (235)

単語・熟語を読む ▶ 単語・熟語を書く ▶ フレーズの空所を埋める ▶ 単語・熟語・フレーズを聞く))) 061

□ 241 名
国勢調査
census
/sénsəs/

c

国勢調査を行う
take a ( )

□ 242 名
君主
monarch
/mánɑ:rk/

m

立憲君主
a constitutional ( )

発音注意！

□ 243 名
未処理の仕事
backlog
/bǽklɔ̀:g/

b

未処理の仕事を片づける
clear a ( )

□ 244 名
拒否権
veto
/ví:tou/

v

大統領の拒否権
the presidential ( )

□ 245 名
貨物
freight
/fréit/

f

貨物列車
a ( ) **train**

発音注意！

□ 246 名
輸送
conveyance
/kənvéiəns/

c

農産物の輸送
the ( ) **of agricultural produce**

□ 247 名
通商禁止
embargo
/imbá:rgou/

e

通商禁止を課す
impose an ( )

□ 248 動
～を降格する
demote
/dimóut/

d

彼を下位に降格する
( ) **him to a lower rank**

Day 16

① エリザベス 1 世は英国初の女性君主だった。

Elizabeth I was Britain's first female (　　　　　　).

---

② その列車は乗客と貨物の両方を運んでいる。

The train carries both passengers and (　　　　).

---

③ 米国の国勢調査は 10 年ごとに行われる。

The US (　　　　) is taken every 10 years.

---

④ 当時はウマが主要な輸送手段だった。

Horses were the principal means of (　　　　　　　) in those days.

---

⑤ 国連はその国に対して武器の通商禁止を課した。

The UN imposed an arms (　　　　　) on the country.

---

⑥ 彼は職務怠慢のため降格された。

He was (　　　　　) for neglect of duty.

---

⑦ 大統領はその法案の通過を阻止するために拒否権を行使した。

The president used his (　　　) to block the passage of the bill.

---

⑧ その未処理の仕事を片づけるのに私は 2 日かかった。

It took me two days to clear the (　　　　　).

解答 | ① monarch (242)　② freight (245)　③ census (241)　④ conveyance (246)　⑤ embargo (247)
⑥ demoted (248)　⑦ veto (244)　⑧ backlog (243)

単語・熟語を読む ▶ 単語・熟語を書く ▶ フレーズの空所を埋める ▶ 単語・熟語・フレーズを聞く ◢) 063

□ 249 形
上昇傾向の
buoyant
/bɔ́iənt/

b

上昇傾向の経済

a (　　　　　) economy

発音注意！

□ 250 形
仮の
tentative
/téntətiv/

t

仮の取り決め

a (　　　　　) arrangement

□ 251 形
財政の
fiscal
/fískəl/

f

財政政策

(　　　　) policies

□ 252 形
実現可能な
feasible
/fíːzəbl/

f

実行可能な解決策

a (　　　　　) solution

□ 253 形
必要な
requisite
/rékwəzit/

r

必要な経験

the (　　　　　) experience

□ 254 熟
活動範囲を広げる
branch out

b

新事業に活動範囲を広げる

(　　　　)(　　　) into new business

□ 255 熟
ストライキをする
walk out

w

ストライキをすると脅す

threaten to (　　　)(　　　)

□ 256 熟
身を引く
bow out

b

政界から身を引く

(　　　)(　　) of politics

センテンスの空所を埋める ▶ センテンスを聞く   》064

① 500人を超える労働者が賃金カットに抗議してストライキをした。
More than 500 workers (　　　　　　　)(　　　) against a wage cut.

② 彼は昨年、世界のサッカー界から身を引いた。
He (　　　　　　)(　　　) of international football last year.

③ 株式市場はこの数カ月、上昇傾向にある。
The stock market has been (　　　　　　) over the past few months.

④ 両者はその問題に関して仮の合意に達した。
Both sides have reached a (　　　　　　　) agreement on the issue.

⑤ その計画は実現可能だと思いますか？
Do you think the plan is (　　　　　　)?

⑥ 政府は財政改革に着手しなければならない。
The government must undertake (　　　　) reforms.

⑦ そのメーカーはインド市場に活動範囲を広げる計画を発表した。
The manufacturer announced plans to (　　　　　　)(　　　) into the Indian market.

⑧ 彼はその仕事に必要な技能が不足している。
He lacks the (　　　　　　) skills for the job.

解答 | ① walked out (255)　② bowed out (256)　③ buoyant (249)　④ tentative (250)　⑤ feasible (252)
⑥ fiscal (251)　⑦ branch out (254)　⑧ requisite (253)

MEMO

CHAPTER

3

法律・犯罪

Chapter 3では、英検1級の「法律・犯罪」関連の長文問題で頻出の単語・熟語80をマスターしていきます。「書く」「聞く」に「音読する」も加えれば、定着度が一段と高まります。

単語・熟語を読む ▶ 単語・熟語を書く ▶ フレーズの空所を埋める ▶ 単語・熟語・フレーズを聞く))) 065

□ 257 熟
〜を厳しく取り締まる
crack down on

c_____
犯罪を厳しく取り締まる
(   ) (   ) (   ) **crime**

□ 258 動
〜を守らせる
enforce
/infɔ́:rs/

e_____
法律を守らせる
(   ) **the law**

□ 259 名
犯人
culprit
/kʌ́lprit/

c_____
その犯人を見つけ出す
track down the (   )

□ 260 動
〜をすり抜ける
circumvent
/sə̀:rkəmvént/

c_____
規則をすり抜ける
(   ) **the regulations**

□ 261 形
偽造の
counterfeit
/káuntərfit/

c_____
偽造パスポート
a (   ) **passport**

発音注意！

□ 262 形
匿名の
anonymous
/ənánəməs/

a_____
匿名の手紙
an (   ) **letter**

□ 263 名
残虐行為
atrocity
/ətrásəti/

a_____
〜に対して残虐行為を行う
commit (   ) **against 〜**

通例、複数形で用いられます。

□ 264 動
〜を義務づける
mandate
/mǽndeit/

m_____
煙探知器の設置を義務づける
(   ) **the installation of smoke detectors**

Day 17

① その男は偽造紙幣を所持していた容疑で逮捕された。

The man was arrested for possessing (　　　　　　　　) bills.

② 法律をすり抜ける方法はたくさんある。

There are many ways to (　　　　　　　　) the law.

③ 警察は麻薬取引を厳しく取り締まっている。

The police have been (　　　　　) (　　　　) (　　) drug dealing.

④ 警察はその犯人をようやく逮捕した。

The police finally captured the (　　　　　).

⑤ 警察はその殺人事件の情報を持っていると言う男性から匿名の電話を受けた。

Police received an (　　　　　　　　) phone call from a man who said that he had information about the murder.

⑥ 安全規則は厳格に守られなければならない。

Safety regulations must be strictly (　　　　　　　).

⑦ 政府はアナログ放送からデジタル放送への変更を義務づけた。

The government (　　　　　　　　) the change from analog to digital broadcasting.

⑧ その大虐殺は人類史の中で最悪の残虐行為の1つだった。

The massacre was one of the worst (　　　　　　　　) in human history.

解答　① counterfeit (261)　② circumvent (260)　③ cracking down on (257)　④ culprit (259)
　　　⑤ anonymous (262)　⑥ enforced (258)　⑦ mandated (264)　⑧ atrocities (263)

Day 17	法律・犯罪1	CHAPTER 1	CHAPTER 2	CHAPTER 3	CHAPTER 4	CHAPTER 5	CHAPTER 6	CHAPTER 7

単語・熟語を読む ▶ 単語・熟語を書く ▶ フレーズの空所を埋める ▶ 単語・熟語・フレーズを聞く 》067

☐ 265 動
〜を逃れる
elude
/ilúːd/

e.
逮捕を逃れる
(　　　　　) arrest

☐ 266 動
〜を発動する
invoke
/invóuk/

i.
経済制裁を発動する
(　　　　　) economic sanctions

☐ 267 形
資格を有する
qualified
/kwάləfàid/

q.
有資格の看護師
a (　　　　　) nurse

☐ 268 形
厳しい
rigorous
/rígərəs/

r.
厳しい規則
(　　　　　) regulations

☐ 269 熟
〜を保証する
vouch for
/　/

v.
その製品の品質を保証する
(　　　) (　　　) the quality of the product

☐ 270 名
評決
verdict
/vɚ́ːrdikt/

v.
評決に達する
reach a (　　　　　)

☐ 271 名
偽造品
forgery
/fɔ́ːrdʒəri/

f.
偽造品であると判明する
turn out to be a (　　　　　)

☐ 272 動
〜に反論する
rebut
/ribʌ́t/

r.
告発に反論する
(　　　　　) the accusation

センテンスの空所を埋める ▶ センテンスを聞く))) 068

① 彼女は高校レベルの英語を教える資格を持っている。

She is ( ) **to teach English at high school level.**

② 陪審員団は5時間にわたる討議の後、評決に達した。

The jury reached a ( ) **after deliberating for five hours.**

③ 彼の誠実さを私は保証できる。

I can ( ) ( ) **his integrity.**

④ その被告は目撃者の証言に反論した。

The defendant ( ) **the testimony of the witness.**

⑤ さらなる暴動を防ぐために政府は夜間外出禁止令を発動した。

The government ( ) **a curfew to prevent further violence.**

⑥ その殺人犯は長い間、警察の手を逃れてきた。

The murderer has ( ) **the police for a long time.**

⑦ その絵は偽造品であると判明した。

The painting turned out to be a ( ).

⑧ すべての車両は厳しい安全検査に合格しなければならない。

All vehicles must pass a ( ) **safety inspection.**

解答 ① qualified (267) ② verdict (270) ③ vouch for (269) ④ rebutted (272) ⑤ invoked (266)
⑥ eluded (265) ⑦ forgery (271) ⑧ rigorous (268)

単語・熟語を読む ▶ 単語・熟語を書く ▶ フレーズの空所を埋める ▶ 単語・熟語・フレーズを聞く　》069

□ 273 　形
でたらめな
spurious
/spjúəriəs/

s
いい加減な申し立て
a (　　　　　　　) claim

この意味も
押さえて
おきましょう。

□ 274 　熟
～を白状する
own up to

o
悪事を白状する
(　　　) (　　　) (　　　) one's wrongdoing

□ 275 　熟
A を B だと思い込ませる
pass A off as B

p
その作品を自分のものだと思い込ませる
(　　　　　) the work (　　　) (　　　) one's own

□ 276 　熟
A に強要して～させる
coerce A into doing

c
彼女に強要してその男と結婚させる
(　　　　　) her (　　　　) marrying the man

□ 277 　名
夜間外出禁止令
curfew
/kə́ːrfjuː/

c
夜間外出禁止令を敷く
impose a (　　　　　　)

□ 278 　名
脅威
menace
/ménis/

m
世界平和に対する脅威
a (　　　　　　) to world peace

□ 279 　動
～を潤色する
embellish
/imbéliʃ/

e
話を潤色する
(　　　　　　　) the story

□ 280 　動
～を押収する
confiscate
/kánfəskèit/

c
彼女の携帯電話を没収する
(　　　　　　　) her cell phone

この意味も
押さえて
おきましょう。

Day 18

① その情報のほとんどはでたらめであることが分かった。

Much of the information turned out to be (　　　　　).

② 彼はその金を盗んだことをようやく白状した。

He finally (　　　　) (　　) (　　) **stealing the money.**

③ その容疑者は自白を強要された。

The suspect was (　　　　　) (　　　) **confessing.**

④ 事実を潤色してはならない。

Don't (　　　　　) **the truth.**

⑤ 麻薬は私たちの社会に対する脅威だ。

Drugs are a (　　　　　) **to our society.**

⑥ 現在、その都市全体に夜間外出禁止令が敷かれている。

The whole city is under (　　　　　) **now.**

⑦ 警察はその容疑者のコンピューターを押収した。

Police (　　　　　) **the suspect's computer.**

⑧ その男は偽造品を本物だと思い込ませようとした。

The man tried to (　　　) **fake goods** (　　) (　　) **authentic.**

解答　① spurious (273)　② owned up to (274)　③ coerced into (276)　④ embellish (279)
⑤ menace (278)　⑥ curfew (277)　⑦ confiscated (280)　⑧ pass, off as (275)

84

単語・熟語を読む ▶ 単語・熟語を書く ▶ フレーズの空所を埋める ▶ 単語・熟語・フレーズを聞く　　》071

□ 281 　動
〜を逃れる
evade
/ivéid/

e̲
発覚を免れる
(　　　　　　　) **detection**

この意味も
押さえて
おきましょう。

□ 282 　形
明白な
tangible
/tǽndʒəbl/

t̲
明白な結果
(　　　　　　) **results**

□ 283 　形
義務的な
mandatory
/mǽndətɔ̀ːri/

m̲
…することが〜に義務づけられている
It is (　　　　　　　) **for 〜 to do . . .**

□ 284 　熟
〜を持ち去る
make off with

m̲
宝石店から指輪を持ち去る
(　　　) (　　　) (　　　　　) **a ring from a jewelry store**

□ 285 　熟
〜に従う
abide by

a̲
審判の判定に従う
(　　　　　) (　　　) **the judge's decision**

□ 286 　名
発生率
incidence
/ínsədəns/

i̲
〜の高い発生率
a high (　　　　　　　) **of 〜**

□ 287 　名
収賄
bribery
/bráibəri/

b̲
贈収賄事件
a (　　　　　　) **case**

「贈賄」という
意味もあります。

□ 288 　動
〜を規定する
stipulate
/stípjulèit/

s̲
契約に明記された条件
the condition (　　　　　　　)
in the contract

受け身なので
過去分詞形が入ります。
この意味も押さえて
おきましょう。

センテンスの空所を埋める ► センテンスを聞く 》072

① その市長は収賄の容疑で逮捕された。

The mayor was arrested on (　　　　　) charges.

② その法律は新車にはシートベルトが取りつけられていなければならないと規定している。

The law (　　　　　) that new cars must be fitted with seat belts.

③ 全生徒は校則に従わなければならない。

All students must (　　　)(　　) school rules.

④ その容疑者は5年以上も逮捕を逃れている。

The suspect has (　　　　　) capture for more than five years.

⑤ シートベルトの使用は運転手と同乗者に義務づけられている。

The use of seat belts is (　　　　　) for drivers and passengers.

⑥ その男性が罪を犯したという明白な証拠はない。

There is no (　　　　　) evidence that the man committed the crime.

⑦ その地域は犯罪の高い発生率で悪名高い。

The area is notorious for its high (　　　　　) of crime.

⑧ その強盗はレジから約2000ドルを持ち去った。

The robber (　　　)(　　)(　　　) about $2,000 from a cash register.

解答 ① bribery（287） ② stipulates（288） ③ abide by（285） ④ evaded（281） ⑤ mandatory（283）
⑥ tangible（282） ⑦ incidence（286） ⑧ made off with（284）

単語・熟語を読む ▶ 単語・熟語を書く ▶ フレーズの空所を埋める ▶ 単語・熟語・フレーズを聞く　 ») 073

□289 🔊
〜をでっち上げる
fabricate
/fǽbrikèit/

f
証拠をでっち上げる
(　　　　　　　　) evidence

□290 🔊
〜を廃止する
repeal
/ripíːl/

r
時代遅れの法律を廃止する
(　　　　　　　　) out-of-date laws

□291 🔊
〜を延期する
adjourn
/ədʒə́ːrn/

a
公判を金曜日まで延期する
(　　　　　　　　) the trial until Friday

□292 🔊
〜を放棄する
waive
/wéiv/

w
〜の権利を放棄する
(　　　　　　　　) one's right to 〜

□293 🔊
〜を制定する
enact
/inǽkt/

e
新しい法律を制定する
(　　　　　　) a new law

□294 形
厳しい
stringent
/stríndʒənt/

s
厳しい規則
(　　　　　　　　) regulations

□295 熟
A から B をだまし取る
swindle A out of B

s
金をだまし取られる
be (　　　　　　　) (　　　) (　　　)
money

> 受け身なので
> 過去分詞形が
> 入ります。

□296 名
調査
probe
/próub/

p
その贈収賄事件の調査
a (　　　　　　　) into the bribery case

Day 19

センテンスの空所を埋める ▶ センテンスを聞く　　　　　　　　　　　　　　　　　　》074

① 被告は上訴する権利を放棄した。

The defendant (　　　　　　) his right to appeal.

② 連邦政府はより厳しい規制を銃の販売にかけるべきだ。

The federal government should place more (　　　　　　　　)
restrictions on gun sales.

③ その誘拐話は完全なでっち上げだった。

The kidnapping story was completely (　　　　　　　　).

④ 憲法修正第 18 条は 1933 年 12 月に廃止された。

The 18th Amendment was (　　　　　　　　) in December 1933.

⑤ 警察はその事件の調査に着手した。

Police have launched a (　　　　　) into the incident.

⑥ その会社は投資家たちから少なくとも 2000 万ドルをだまし取った容疑で告発された。

The firm was accused of (　　　　　　　　) investors (　　　) (　　) at least
$20 million.

⑦ この法律は 1975 年に制定された。

This law was (　　　　　　　　) in 1975.

⑧ その会議は来週の月曜日まで延期された。

The conference was (　　　　　　　　) until next Monday.

解答
① waived（292）　② stringent（294）　③ fabricated（289）　④ repealed（290）　⑤ probe（296）
⑥ swindling, out of（295）　⑦ enacted（293）　⑧ adjourned（291）

88

単語・熟語を読む ▶ 単語・熟語を書く ▶ フレーズの空所を埋める ▶ 単語・熟語・フレーズを聞く　》075

□ 297 　名
条項
provision
/prəvíʒən/

p

法律の条項
the (　　　　　　　) of the law

複数形が入ります。

□ 298 　名
侵害
infringement
/infríndʒmənt/

i

著作権侵害
copyright (　　　　　　　)

□ 299 　動
～を無効にする
revoke
/rivóuk/

r

その契約を無効にする
(　　　　　) the contract

□ 300 　形
詐欺の
fraudulent
/frɔ́:dʒulənt/

f

詐欺行為
(　　　　　) practices

□ 301 　形
寛大な
lenient
/lí:niənt/

l

寛大な判決
a (　　　　　) sentence

□ 302 　副
過去にさかのぼって
retroactively
/rètrouǽktivli/

r

過去にさかのぼって効力を持つ
be effective (　　　　　)

□ 303 　熟
～を連行する
haul off

h

刑務所にぶちこまれる
be (　　　　) (　　　　) to jail

受け身なので
過去分詞形が入ります。
この意味も押さえて
おきましょう。

□ 304 　熟
～を立ち入り禁止にする
seal off

s

その地域を立ち入り禁止にする
(　　　) (　　　) the area

Day 19

センテンスの空所を埋める ▶ センテンスを聞く　　　　　　　　　　　　　　　　　　　》076

① 警察は犯罪現場を立ち入り禁止にした。

Police (　　　　　　) (　　　) the crime scene.

② 契約の条項により、テナントはすべての公共料金を支払う責任がある。

Under the (　　　　　　　　　) of the contract, tenants are responsible for payment of all utilities.

③ その会社は知的所有権侵害で訴えられた。

The company was sued for (　　　　　　　　　　) of intellectual property rights.

④ その会社は詐欺広告で告訴された。

The company was sued for (　　　　　　　　　) advertising.

⑤ 最高裁判所は下級裁判所の判決を無効にした。

The Supreme Court (　　　　　　) the lower court's decision.

⑥ その法律は過去にさかのぼって適用される。

The Act is applied (　　　　　　　　　).

⑦ あなたは人に対してもっと寛大になったほうがいい。

You should be more (　　　　　　) with others.

⑧ その容疑者は地元の警察署に連行された。

The suspect was (　　　　　　) (　　　) to the local police station.

解答　① sealed off (304)　② provisions (297)　③ infringement (298)　④ fraudulent (300)
　　　⑤ revoked (299)　⑥ retroactively (302)　⑦ lenient (301)　⑧ hauled off (303)

単語・熟語を読む ▶ 単語・熟語を書く ▶ フレーズの空所を埋める ▶ 単語・熟語・フレーズを聞く))) 077

□ 305 熟
〜を持ち逃げする
abscond with

a
会社の資金を持ち逃げする
( ) ( ) the company funds

□ 306 名
抑止するもの
deterrent
/dité:rənt/

d
犯罪を抑止するもの
a ( ) to crime

□ 307 名
収容者
inmate
/ínmèit/

i
収容者を独房に閉じ込める
confine ( ) to their cells

複数形が入ります。

□ 308 名
順守
compliance
/kəmpláiəns/

c
国際法の順守
( ) with international law

□ 309 名
免除
immunity
/imjú:nəti/

i
課税の免除
( ) from taxation

□ 310 名
名誉棄損
libel
/láibəl/

l
〜を名誉棄損で訴える
sue 〜 for ( )

発音注意！

□ 311 形
捕虜になった
captive
/kǽptiv/

c
〜を捕虜にする
take 〜 ( )

□ 312 形
資格のある
eligible
/élidʒəbl/

e
投票する資格がある
be ( ) to vote

センテンスの空所を埋める ▶ センテンスを聞く 》078

① 警報器は効果的に窃盗を抑止することができる。

A security alarm can be an effective (　　　　　) to thieves.

② その出版社は名誉棄損で訴えられた。

The publisher was sued for (　　　).

③ 法律の順守は自然環境の保護にとって極めて重要だ。

(　　　　　　) with the law is crucial for the protection of the environment.

④ あなたは年金を受け取る資格がある。

You are (　　　　) to receive a pension.

⑤ その政治家は起訴を免除された。

The politician was granted (　　　　　) from prosecution.

⑥ 5人の収容者が真夜中ごろにその刑務所から脱獄した。

Five (　　　　) broke out of the jail around midnight.

⑦ 彼らはテロリストたちによって捕虜にされた。

They were taken (　　　　) by terrorists.

⑧ 彼は投資家たちの金を持ち逃げした。

He (　　　　　) (　　　) investors' money.

解答 ① deterrent (306) ② libel (310) ③ Compliance (308) ④ eligible (312) ⑤ immunity (309) ⑥ inmates (307) ⑦ captive (311) ⑧ absconded with (305)

単語・熟語を読む ▶ 単語・熟語を書く ▶ フレーズの空所を埋める ▶ 単語・熟語・フレーズを聞く　　◀》 079

□ 313
〜を扇動する
incite
/insáit/

i
群衆を暴力行為へと扇動する
(　　　　　) the crowd to violence

□ 314
〜を支持する
uphold
/ʌ̀phóuld/

u
下級裁判所の判決を支持する
(　　　　　) the lower court's decision

□ 315
〜を起訴する
prosecute
/prɑ́sikjùːt/

p
その男を児童虐待で起訴する
(　　　　　) the man for child abuse

□ 316
〜を無効にする
nullify
/nʌ́ləfài/

n
その法律を無効にする
(　　　　　) the legislation

□ 317
A をだまして〜させる
dupe A into doing

d
彼をだましてその話を信じさせる
(　　　) him (　　　) believing the story

□ 318
共謀
conspiracy
/kənspírəsi/

c
政府に対する陰謀
(　　　　　) against the
government

この意味も
押さえて
おきましょう。

□ 319
〜を投獄する
incarcerate
/inkɑ́ːrsərèit/

i
罪人たちを投獄する
(　　　　　) criminals

□ 320
〜を放棄する
relinquish
/rilíŋkwiʃ/

r
〜の支配権を放棄する
(　　　　　) control of 〜

Day 20

① 殺人を共謀した容疑で 3 人の男が逮捕された。

Three men were arrested for (　　　　　　　　　) **to commit murder.**

② その宗教指導者は暴動を扇動した容疑で逮捕された。

The religious leader was arrested for (　　　　　) **a riot.**

③ 彼は 3 人の子どもの親権を放棄した。

He (　　　　　　　　　) **custody of his three children.**

④ その契約は一般市民の反対のため無効になった。

The contract was (　　　　　　) **due to public opposition.**

⑤ 裁判所は原告の主張を支持した。

The court (　　　　　) **the plaintiff's claim.**

⑥ その容疑者は詐欺で起訴された。

The suspect was (　　　　　　　) **for fraud.**

⑦ その男は強盗の罪で 10 年間、投獄された。

The man was (　　　　　　　　) **for 10 years for robbery.**

⑧ 彼女はだまされて偽のルイ・ヴィトンのバッグを買った。

She was (　　　　) (　　　) **buying a fake Louis Vuitton bag.**

解答　① conspiracy (318)　② inciting (313)　③ relinquished (320)　④ nullified (316)　⑤ upheld (314)
⑥ prosecuted (315)　⑦ incarcerated (319)　⑧ duped into (317)

Day 21　法律・犯罪5

単語・熟語を読む ▶ 単語・熟語を書く ▶ フレーズの空所を埋める ▶ 単語・熟語・フレーズを聞く))) 081

□ 321 動
〜を盗用する
plagiarize
/pléidʒəràiz/

p
インターネットから資料を盗用する
(　　　　　　　　) material from the Internet

□ 322 動
〜を犯す
perpetrate
/pɔ́ːrpətrèit/

p
凶悪犯罪を犯す
(　　　　　　　　) a violent crime

□ 323 形
科学捜査の
forensic
/fərénzik/

f
科学捜査研究所
a (　　　　　　　) laboratory

□ 324 形
違法な
illicit
/ilísit/

i
違法取引
(　　　　　　) trade

□ 325 名
親権
custody
/kʌ́stədi/

c
〜の親権を持っている
have (　　　　　　) of 〜

□ 326 名
司法権
jurisdiction
/dʒùərisdíkʃən/

j
〜に対する裁判権がある
have (　　　　　　　　) over 〜
この意味も押さえておきましょう。

□ 327 名
損壊罪
vandalism
/vǽndəlìzm/

v
破壊行為
an act of (　　　　　　)
この意味も押さえておきましょう。

□ 328 名
抜け穴
loophole
/lúːphòul/

l
税金の抜け穴
tax (　　　　　　)
複数形が入ります。

95

Day 21

① その新しい法律には多くの抜け穴がある。

There are many (　　　　　　　) in the new law.

② 裁判所はその少女の親権を彼女の母親に与えた。

The court awarded (　　　　　　　) of the girl to her mother.

③ その編集者は他の出版物から記事を盗用したかどで解雇された。

The editor was fired for (　　　　　　　) articles from other publications.

④ 彼は人権侵害を犯したかどで告発された。

He was accused of (　　　　　　　) human rights violations.

⑤ グアムは米国の司法権下にある。

Guam is under the (　　　　　　　) of the United States.

⑥ 違法薬物の使用が若者の間で広まっている。

The use of (　　　　) drugs is prevalent among young people.

⑦ DNA 検査は重要な科学捜査の手段だ。

DNA testing is an important (　　　　　　　) tool.

⑧ その男は公園内の記念碑の損壊罪で逮捕された。

The man was arrested for (　　　　　　　) to a monument within the park.

解答　① loopholes (328)　② custody (325)　③ plagiarizing (321)　④ perpetrating (322)
　　　⑤ jurisdiction (326)　⑥ illicit (324)　⑦ forensic (323)　⑧ vandalism (327)

単語・熟語を読む ▶ 単語・熟語を書く ▶ フレーズの空所を埋める ▶ 単語・熟語・フレーズを聞く　　　》083

□ 329
〜を検閲する
censor
/sénsər/

c_____
映画を検閲する
(　　　　　　　) movies

□ 330
〜を傍受する
intercept
/intərsépt/

i_____
通話を傍受する
(　　　　　　　) telephone calls

□ 331
〜を強制退去させる
displace
/displéis/

d_____
テナントを強制退去させる
(　　　　　　　) tenants

□ 332
期限が切れる
expire
/ikspáiər/

e_____
来月で期限が切れる
(　　　　　　　) next month

□ 333
〜を無効にする
rescind
/risínd/

r_____
その法律を無効にする
(　　　　　　　) the law

□ 334
義務的な
obligatory
/əblígətɔ̀:ri/

o_____
…するのは〜の義務である
It is (　　　　　　　) for 〜 to do . . .

□ 335
目に余る
flagrant
/fléigrənt/

f_____
目に余る不正
(　　　　　　　) injustice

□ 336
A の B を晴らす
exonerate A from B

e_____
彼のすべての容疑を晴らす
(　　　　　　　) him (　　　　　) all charges

Day 21

① そのダムの建設のために 500 人を超える地元住民が強制退去させられた。

Over 500 local residents were (　　　　　　　　) for the construction of the dam.

② CIA はテロリストたちの間の通信を傍受していた。

The CIA has (　　　　　　　　) messages between terrorists.

③ 投票は 18 歳以上の全国民の義務だ。

Voting is (　　　　　　) for all citizens 18 years of age and older.

④ 収容者あてまたは収容者からの手紙は検閲される。

Letters to and from inmates are (　　　　　　).

⑤ その被告の窃盗の容疑は晴れた。

The defendant was (　　　　　　) (　　　) the charge of theft.

⑥ その爆撃は目に余る国際法違反だった。

The bombing was a (　　　　　　) violation of international law.

⑦ あなたのパスポートはいつ期限が切れますか？

When does your passport (　　　　)?

⑧ 裁判所はその契約を無効にした。

The court (　　　　　　) the contract.

解答　① displaced (331)　② intercepted (330)　③ obligatory (334)　④ censored (329)
　　　⑤ exonerated from (336)　⑥ flagrant (335)　⑦ expire (332)　⑧ rescinded (333)

CHAPTER
4
科学・学問

Chapter 4では、英検1級
の「科学・学問」関連の長
文問題で頻出の単語・熟語
64を押さえていきます。
短いChapterですが、し
っかりと「書く」「聞く」
を忘れずに！

単語・熟語を読む ▶ 単語・熟語を書く ▶ フレーズの空所を埋める ▶ 単語・熟語・フレーズを聞く　 》085

□ 337 形
原産の
indigenous
/indídʒənəs/

i_____

オーストラリアに固有の動物
an animal (　　　　　　　)
to Australia

この意味も押さえておきましょう。

□ 338 名
効き目
efficacy
/éfikəsi/

e_____

その薬の効き目
the (　　　　　　) of the drug

アクセント注意！

□ 339 動
～を汚染する
contaminate
/kəntǽmənèit/

c_____

土壌を汚染する
(　　　　　　　　) soil

□ 340 形
異論のある
contentious
/kənténʃəs/

c_____

異論のある問題
a (　　　　　　) issue

□ 341 形
絶滅した
extinct
/ikstíŋkt/

e_____

絶滅種
an (　　　　　) species

□ 342 名
予後
prognosis
/prɑɡnóusis/

p_____

手術の予後
the (　　　　　　) of the operation

□ 343 名
品種
strain
/stréin/

s_____

新種のインフルエンザ
a new (　　　　　) of flu

□ 344 動
～を立証する
substantiate
/səbstǽnʃièit/

s_____

彼の申し立てを立証する
(　　　　　　) his allegations

① マンモスは約 1 万年前に絶滅した。

Mammoths became (　　　　　　) about 10,000 years ago.

② カカオの木は南米原産だ。

Cacao trees are (　　　　　　　　) to South America.

③ その水源は下水で汚染されている。

The water source is (　　　　　　　　) with sewage.

④ 医療改革は多くの異論がある問題だ。

Health care reform is a highly (　　　　　　) issue.

⑤ バイオテクノロジーは病気や干ばつに抵抗力のある新しい品種の作物を生み出してきた。

Biotechnology has created new (　　　　) of crops resistant to disease and drought.

⑥ ワクチンの効き目は臨床試験で測定される。

The (　　　　　) of a vaccine is measured in clinical trials.

⑦ その医者は彼女の予後は良好だと言って彼女を安心させた。

The doctor reassured her that her (　　　　　　) was good.

⑧ その調査結果はこれまでの研究結果を立証している。

The results of the study (　　　　　　　) the findings of previous research.

解答 | ① extinct (341)　② indigenous (337)　③ contaminated (339)　④ contentious (340)
⑤ strains (343)　⑥ efficacy (338)　⑦ prognosis (342)　⑧ substantiate (344)

単語・熟語を読む ▶ 単語・熟語を書く ▶ フレーズの空所を埋める ▶ 単語・熟語・フレーズを聞く　　》087

□ 345　動
〜の正しさを証明する
vindicate
/víndəkèit/

v

自分の主張の正しさを証明する
(　　　　　　　) one's claim

□ 346　動
〜を再現する
replicate
/réplikèit/

r

その実験を再現する
(　　　　　　　) the experiment

□ 347　動
〜を確かめる
verify
/vérəfài/

v

事実を確かめる
(　　　　　) the truth

□ 348　形
良性の
benign
/bináin/

b

良性腫瘍
a (　　　　　　) tumor

□ 349　名
理論的根拠
rationale
/ræʃənǽl/

r

イラク戦争の理論的根拠
the (　　　　　　) for the Iraq war

発音注意！

□ 350　名
食
eclipse
/iklíps/

e

日食
an (　　　　　　) of the sun

□ 351　名
抗生物質
antibiotic
/æntibaiátik/

a

抗生物質を服用する
take (　　　　　　)

通例、複数形で
用いられます。

□ 352　動
〜を発掘する
excavate
/ékskəvèit/

e

遺物を発掘する
(　　　　　　) artifacts

① 欧州本土での次の皆既日食は 2026 年だ。

The next total (　　　　　) of the sun in mainland Europe will be in 2026.

② その腫瘍は良性であることが分かった。

The tumor turned out to be (　　　　　).

③ 天文学者たちは銀河系の中心に巨大なブラックホールがあることを確かめた。

Astronomers (　　　　　) the existence of a massive black hole at the center of the Galaxy.

④ その遺跡は考古学者たちによって 1929 年に初めて発掘された。

The site was first (　　　　　) in 1929 by archaeologists.

⑤ 抗生物質は感染症の治療に用いられる。

(　　　　　) are used to treat infections.

⑥ 実験によってその学説の正しさが証明された。

The theory was (　　　　　) by experiments.

⑦ 政府の経済政策の理論的根拠には疑問の余地がある。

The (　　　　　) of the government's economic policy is questionable.

⑧ その実験結果は妥当性を確かめるために再現されなければならない。

The results of the experiment must be (　　　　　) to confirm their validity.

解答 ① eclipse (350)　② benign (348)　③ verified (347)　④ excavated (352)　⑤ Antibiotics (351)
⑥ vindicated (345)　⑦ rationale (349)　⑧ replicated (346)

単語・熟語を読む ▶ 単語・熟語を書く ▶ フレーズの空所を埋める ▶ 単語・熟語・フレーズを聞く 》089

□ 353 形
模擬の
mock
/mák/

m

模擬選挙
a ( ) election

□ 354 名
人口統計
demographic
/dèməgráefik/

d

高齢化による人口統計の変化
changing ( )
caused by the aging population

この意味では必ず複数形になります。

□ 355 名
霊長類
primate
/práimeit/

p

絶滅の危機に瀕している霊長類
endangered ( )

複数形が入ります。

□ 356 名
隔離
quarantine
/kwɔ́:rəntiːn/

q

隔離されて
in ( )

発音注意！

□ 357 名
微生物
microbe
/máikroub/

m

有害な微生物
harmful ( )

複数形が入ります。

□ 358 名
汚染
contamination
/kəntæmənéiʃən/

c

放射能汚染
radioactive ( )

□ 359 動
発芽する
sprout
/spráut/

s

発芽し始める
begin to ( )

□ 360 動
〜を解明する
unravel
/ʌnrǽvəl/

u

〜の謎を解明する
( ) the mystery of 〜

Day 23

① 私は昨日、模擬試験を受けた。

I took a (　　　　　) exam yesterday.

② チンパンジーはヒトに最も近い霊長類だ。

The chimpanzee is the (　　　　　　　) closest to humans.

③ 土壌の中には多くの微生物がいる。

There are many (　　　　　　　) in the soil.

④ 中国の人口統計は産児制限政策で劇的に変化している。

The (　　　　　　　　　　) of China have changed dramatically due to birth control policies.

⑤ その種が発芽するまで 1 カ月ほどかかる。

It takes about a month for the seeds to (　　　　　).

⑥ 彼はインフルエンザの症状を見せていたので隔離された。

He was put in (　　　　　　　) after showing flu symptoms.

⑦ その地域の地下水は汚染の検査を受けた。

Groundwater in the area was tested for (　　　　　　　　).

⑧ 科学者たちは宇宙創造の謎を解明しようとしている。

Scientists are trying to (　　　　　) the mystery of the creation of the universe.

解答　① mock (353)　② primate (355)　③ microbes (357)　④ demographics (354)　⑤ sprout (359)
　　　⑥ quarantine (356)　⑦ contamination (358)　⑧ unravel (360)

単語・熟語を読む ▶ 単語・熟語を書く ▶ フレーズの空所を埋める ▶ 単語・熟語・フレーズを聞く　　》091

□ 361　形
免疫の
immune
/imjúːn/

i

免疫反応
(　　　　　　　) response

□ 362　形
遺伝の
hereditary
/hərédətèri/

h

遺伝病
a (　　　　　　　) disease

□ 363　名
捕食動物
predator
/prédətər/

p

捕食動物とその獲物
a (　　　　　　　) and its prey

□ 364　動
〜の誤りを証明する
refute
/rifjúːt/

r

その仮説の誤りを証明する
(　　　　　　　) the hypothesis

□ 365　動
再発する
recur
/rikə́ːr/

r

がんが再発するのを防ぐ
prevent cancer from
(　　　　　　　)

動名詞形が入ります。

□ 366　形
呼吸（器）の
respiratory
/réspərətɔ̀ːri/

r

呼吸器系
the (　　　　　　　) **system**

アクセント注意！

□ 367　名
菌類
fungus
/fʌ́ŋgəs/

f

真菌感染
(　　　　　　　) **infections**

複数形は fungi または funguses です。

□ 368　名
寄生虫
parasite
/pǽrəsàit/

p

寄生虫による感染症
an infection caused by
(　　　　　　　)

複数形が入ります。

センテンスの空所を埋める ► センテンスを聞く 》092

① 菌類は暖かく湿った場所でよく成長する。

( ) flourish in warm and moist places.

② ライオンとトラはどう猛な捕食動物だ。

Lions and tigers are fierce ( ).

③ その教授の学説は彼の後継者によって後に誤りを証明された。

The professor's theory was later ( ) by his successor.

④ 免疫システムは年齢とともに衰える。

The ( ) system declines with age.

⑤ 痛みが再発したら、医者に相談してください。

Consult your doctor if the pain ( ).

⑥ 受動喫煙は呼吸器疾患を引き起こすことがある。

Passive smoking can cause ( ) diseases.

⑦ 抜け毛は遺伝によるものであることが多い。

Hair loss is often ( ).

⑧ マラリアは蚊の中に生息する寄生虫によって引き起こされる病気だ。

Malaria is a disease caused by ( ) that live in mosquitoes.

解答 | ① Fungi (367) ② predators (363) ③ refuted (364) ④ immune (361) ⑤ recurs (365)
⑥ respiratory (366) ⑦ hereditary (362) ⑧ parasites (368)

単語・熟語を読む ▶ 単語・熟語を書く ▶ フレーズの空所を埋める ▶ 単語・熟語・フレーズを聞く　　》093

□369 名
流行
epidemic
/èpədémik/

e_____

はしかの流行
an（　　　　　　　） of measles

□370 名
病気
ailment
/éilmənt/

a_____

ちょっとした病気
a minor（　　　　　　　）

□371 名
突然変異
mutation
/mjuːtéiʃən/

m_____

遺伝子の突然変異
genetic（　　　　　　　）

複数形が入ります。

□372 名
標本
specimen
/spésəmən/

s_____

月の岩石の標本
（　　　　　　　） of moon rock

複数形が入ります。

□373 名
相関関係
correlation
/kɔ̀ːrəléiʃən/

c_____

喫煙と肺がんの間の相関関係
the（　　　　　　　） between smoking and lung cancer

□374 形
認知の
cognitive
/kágnətiv/

c_____

認知心理学
（　　　　　　　） psychology

□375 動
～に断熱処理を施す
insulate
/ínsəlèit/

i_____

天井に断熱処理を施す
（　　　　　　　） a ceiling

□376 熟
～に感染しやすい
be susceptible to

be s_____

病気にかかりやすい
be（　　　　　　　）（　　　） illness

① その美術館は発掘された遺物を含む多くの標本を所有している。

The museum has many (　　　　　　　　　　) including excavated artifacts.

② 進化は突然変異を通じて生じるとダーウィンは考えた。

Darwin thought that evolution came about through (　　　　　　　　).

③ その家は発泡断熱材で断熱処理が施されている。

The house is (　　　　　　　　) with foam insulation.

④ インフルエンザの流行のため、その祭りは中止になった。

The festival was canceled due to a flu (　　　　　　).

⑤ 子どもは大人よりインフルエンザに感染しやすい。

Children are more (　　　　　　　　) (　　) flu than adults.

⑥ 貧困と栄養失調の間には強い相関関係がある。

There is a strong (　　　　　　　　) between poverty and malnutrition.

⑦ 中耳炎は幼児期によくある病気だ。

Otitis media is a common childhood (　　　　　).

⑧ 子どもの認知発達は遺伝と環境の両方の要因に影響される。

A child's (　　　　　　) development is affected by both genetic and environmental factors.

解答	① specimens (372)　② mutations (371)　③ insulated (375)　④ epidemic (369)
	⑤ susceptible to (376)　⑥ correlation (373)　⑦ ailment (370)　⑧ cognitive (374)

単語・熟語を読む ▶ 単語・熟語を書く ▶ フレーズの空所を埋める ▶ 単語・熟語・フレーズを聞く))) 095

□377 名
輸血
transfusion
/trænsfjúːʒən/

t
輸血
a blood (   )

□378 名
論文
thesis
/θíːsis/

t
博士論文
a doctoral (   )

□379 形
貧血の
anemic
/əníːmik/

a
貧血の顔
one's (   ) **face**

□380 形
無菌の
sterile
/stérəl/

s
無菌実験室
a (   ) **laboratory**

□381 名
薬物
medication
/mèdəkéiʃən/

m
薬物治療を受けている
be on (   )

□382 動
〜を蘇生させる
resuscitate
/risʌ́sətèit/

r
その患者を蘇生させる
(   ) **the patient**

□383 動
移動する
migrate
/máigreit/

m
北へ移動する
(   ) **north**

□384 名
水膨れ
blister
/blístər/

b
親指の水膨れ
a (   ) **on one's thumb**

センテンスの空所を埋める ▶ センテンスを聞く))) 096

① 彼女は現代美術についての論文に取り組んでいる。

She is working on a (　　　　) on modern art.

② シロナガスクジラは極地海域と熱帯海域の間を移動する。

Blue whales (　　　　) between polar waters and tropical waters.

③ 感染を防ぐために手術は無菌状態で行われなければならない。

The operation must be performed under (　　　　) conditions to prevent infection.

④ 現在服用している薬はありますか？

Are you taking any (　　　　) now?

⑤ 彼は重傷を負って、緊急の輸血を必要としていた。

He was badly injured and needed an immediate blood (　　　　).

⑥ 救助員はその子どもを蘇生させようとした。

The lifeguard tried to (　　　　) the child.

⑦ 鉄分不足は貧血を引き起こす。

Lack of iron makes you (　　　　).

⑧ 新しい靴を履くと水膨れができることがある。

New shoes can give you (　　　　).

解答 ① thesis (378)　② migrate (383)　③ sterile (380)　④ medication (381)　⑤ transfusion (377)
⑥ resuscitate (382)　⑦ anemic (379)　⑧ blisters (384)

Day 25 科学・学問4

単語・熟語を読む ▶ 単語・熟語を書く ▶ フレーズの空所を埋める ▶ 単語・熟語・フレーズを聞く ♪) 097

□ 385 🔲
腫瘍
tumor
/tjúːmər/

t
良性腫瘍
a benign (　　　　　　)

□ 386 🔲
移植物
implant
/ímplænt/

i
シリコンの移植物
a silicone (　　　　　)

アクセント注意！

□ 387 🔲
才能
aptitude
/ǽptətjùːd/

a
～の天性の才能
a natural (　　　　　　) for ～

□ 388 🔲
移動
migration
/maigréiʃən/

m
集団移動
mass (　　　　　　)

□ 389 🔲
～を利用する
harness
/háːrnis/

h
潮流のエネルギーを利用する
(　　　　　　) the energy of tides

□ 390 🔲
微細な
microscopic
/màikrəskápik/

m
微粒子
a (　　　　　　) particle

□ 391 🔲
地球の
terrestrial
/təréstriəl/

t
地球儀
a (　　　　　　) globe

□ 392 🔲
～を突き止める
pin down
/　/

p
真相を突き止める
(　　) (　　　　　) the truth

113

Day 25

① その少年は驚くべき数学の才能がある。

The boy has an incredible (　　　　　　) for math.

② 人工移植物は骨組織の代わりとして用いられることが多い。

Artificial (　　　　　　) are often used to replace bone tissue.

③ 風は電気を発生させるために利用することができる。

Wind can be (　　　　　　) to generate electricity.

④ ハクチョウが移動を始めた。

The swans have begun their (　　　　　　).

⑤ 気候変動は地球の生態系に影響を及ぼしている。

Climate change is affecting (　　　　　　) ecosystems.

⑥ がんの原因を突き止めるのは難しい。

It is difficult to (　　　) (　　　　) the causes of cancer.

⑦ 彼女はその腫瘍を切除する手術を受けた。

She underwent surgery to remove the (　　　　　).

⑧ 警察は被害者の微細な血痕を容疑者宅で発見した。

Police found (　　　　　　　　) traces of the victim's blood in the suspect's home.

解答　① aptitude (387)　② implants (386)　③ harnessed (389)　④ migration (388)
⑤ terrestrial (391)　⑥ pin down (392)　⑦ tumor (385)　⑧ microscopic (390)

単語・熟語を読む ▶ 単語・熟語を書く ▶ フレーズの空所を埋める ▶ 単語・熟語・フレーズを聞く　♪ 099

□ 393 　名
皮質
cortex
/kɔ́ːrteks/

c＿＿＿＿＿＿＿＿

大脳皮質
the cerebral (　　　　　　)

□ 394 　名
仮説
hypothesis
/haipάθəsis/

h＿＿＿＿＿＿＿＿

仮説を立てる
formulate a (　　　　　　　　)

複数形は
hypotheses です。

□ 395 　名
遺物
artifact
/ά:rtəfæ̀kt/

a＿＿＿＿＿＿＿＿

中世の遺物
medieval (　　　　　　)

複数形が入ります。

□ 396 　名
けいれん
cramp
/krǽmp/

c＿＿＿＿＿＿＿＿

脚がけいれんを起こす
get (　　　　　) in one's leg

□ 397 　名
妥当性
validity
/vəlídəti/

v＿＿＿＿＿＿＿＿

その実験の妥当性
the (　　　　　　) of the experiment

□ 398 　動
～を浸食する
erode
/iróud/

e＿＿＿＿＿＿＿＿

土壌を浸食する
(　　　　　) the soil

□ 399 　動
腐食する
corrode
/kəróud/

c＿＿＿＿＿＿＿＿

時とともに腐食する
(　　　　　) with time

□ 400 　動
～を合成する
synthesize
/sínθəsàiz/

s＿＿＿＿＿＿＿＿

新しい化学物質を合成する
(　　　　　　) a new chemical

Day 25

① 波は時間をかけて海岸線を浸食する。

Waves （　　　　　） coastlines over time.

② 青銅や陶磁器の遺物がその遺跡で発見された。

Bronze and ceramic （　　　　　　　） were discovered at the site.

③ 地球温暖化の原因を説明するためにいくつもの仮説が出されてきた。

A number of （　　　　　　　　） have been put forward to explain the causes of global warming.

④ 水分の摂取不足はけいれんを引き起こすことがある。

Insufficient water intake can cause （　　　　　）.

⑤ 鉄はアルミニウムより速く腐食する。

Iron （　　　　　　） faster than aluminum.

⑥ ビタミン D は人間の皮膚で合成される。

Vitamin D is （　　　　　　　　） in the human skin.

⑦ 大脳皮質は情報の受信、解釈、そして蓄積をつかさどっている。

The cerebral （　　　　　） is responsible for receiving, interpreting, and storing information.

⑧ その研究の科学的妥当性が問題になっている。

The scientific （　　　　　） of the study is in question.

解答 ① erode (398)　② artifacts (395)　③ hypotheses (394)　④ cramps (396)　⑤ corrodes (399)
⑥ synthesized (400)　⑦ cortex (393)　⑧ validity (397)

CHAPTER

5

思考・動作

Chapter 5では、英検1級の語句補充問題で頻出の、「思考・動作」関連の単語・熟語176を押さえていきます。長文問題で登場することもあるので、確実に身につけておきましょう。

単語・熟語を読む ▶ 単語・熟語を書く ▶ フレーズの空所を埋める ▶ 単語・熟語・フレーズを聞く　　》101

□ 401 　熟
A を B に起因すると考える
attribute A to B

a
彼の成功を勤勉によるものだと考える
(　　　　　　　) his success (　　　) hard work

□ 402 　熟
〜を得ようと競い合う
vie for

v
市場シェアの拡大を目指して競い合う
(　　　) (　　　) greater market share

□ 403 　熟
〜を激しく非難する
lash out at

l
批評家たちを激しく非難する
(　　　) (　　　) (　　　) critics

□ 404 　名
不平
grievance
/grí:vəns/

g
不平を述べる
air one's (　　　　　　　)

複数形が入ります。

□ 405 　動
〜だと推測する
surmise
/sərmáiz/

s
何かがおかしいと推測する
(　　　　　　) that something is wrong

□ 406 　動
〜をなだめる
placate
/pléikeit/

p
怒っている客をなだめる
(　　　　　　) angry customers

□ 407 　動
〜を食いしばる
clench
/kléntʃ/

c
歯を食いしばる
(　　　　　) one's teeth

□ 408 　動
〜を荒らし回る
ransack
/rǽnsæk/

r
強盗に荒らし回られる
be (　　　　　　　) by burglars

受け身なので
過去分詞形が
入ります。

① 地球温暖化は温室効果ガスの排出に起因すると考えられている。

Global warming is (　　　　　　　　)(　　) the emission of greenhouse gases.

② 不平があるなら、それを解決するための処置を取るべきだ。

If you have a (　　　　　　　　), you should take action to resolve it.

③ 彼女は痛みを我慢しようと歯を食いしばった。

She (　　　　　　) her teeth to suppress the pain.

④ 彼は謝って妻をなだめようとした。

He tried to (　　　　　　) his wife by apologizing.

⑤ 首相は野党を激しく非難した。

The prime minister (　　　　)(　　)(　) the opposition.

⑥ 数人の少年が彼女の注目を得ようと競い合っている。

Several boys are (　　　　)(　　) her attention.

⑦ 経済は回復途上にあると推測できる。

We can (　　　　　) that the economy is on the way to recovery.

⑧ その店は略奪者たちによって荒らし回られた。

The store was (　　　　　　　) by looters.

解答 | ① attributed to (401)　② grievance (404)　③ clenched (407)　④ placate (406)
⑤ lashed out at (403)　⑥ vying for (402)　⑦ surmise (405)　⑧ ransacked (408)

単語・熟語を読む ▶ 単語・熟語を書く ▶ フレーズの空所を埋める ▶ 単語・熟語・フレーズを聞く　))) 103

□409 形
上手な
adroit
/ədrɔ́it/

a_____

人の扱いがうまい
be (　　　　　　) at handling people

□410 形
表向きの
ostensible
/ɑsténsəbl/

o_____

表向きの目的
the (　　　　　　) purpose

□411 形
秘密の
clandestine
/klændéstin/

c_____

秘密の関係
a (　　　　　　) relationship

□412 熟
〜を漠然と考える
toy with

t_____

〜することを漠然と考える
(　　) (　　　　) the idea of doing 〜

□413 熟
〜を熟読する
pore over

p_____

その記事を熟読する
(　　　) (　　　　) the article

□414 熟
〜を解決する
iron out

i_____

相違点を解決する
(　　　) (　　　) the differences

□415 熟
〜をいじくる
tamper with

t_____

他人の所有物をいじくる
(　　　　) (　　　　) other people's belongings

□416 熟
〜をごまかす
gloss over

g_____

自分の誤りをごまかす
(　　　　) (　　　　) one's faults

Day 26

① 彼女は留学することを漠然と考えている。

She is (　　　　　　) (　　　　) **the idea of studying abroad.**

② 彼らはそのソフトウエアの欠陥をついに解決した。

They have finally (　　　　　　　) (　　　　) **the bugs in the software.**

③ 警察は街の郊外にある秘密の麻薬工場を発見した。

Police uncovered a (　　　　　　　　　　) **drug factory in the suburbs of the city.**

④ 錠前がいじくられていたのが私にはすぐ分かった。

I could see immediately that the lock had been (　　　　　　　　) (　　　　).

⑤ 彼は何時間もかけてその報告書を熟読した。

He spent hours (　　　　　　　) (　　　　　) **the report.**

⑥ 彼女は自分の間違いをごまかそうとした。

She tried to (　　　　　　) (　　　　) **her mistake.**

⑦ その CEO の辞職の表向きの理由は病気だった。

The (　　　　　　　　　　) **reason for the CEO's resignation was illness.**

⑧ 彼は契約の交渉が上手だ。

He is (　　　　　　) **at negotiating contracts.**

解答 ① toying with (412)　② ironed out (414)　③ clandestine (411)　④ tampered with (415)
⑤ poring over (413)　⑥ gloss over (416)　⑦ ostensible (410)　⑧ adroit (409)

単語・熟語を読む ▶ 単語・熟語を書く ▶ フレーズの空所を埋める ▶ 単語・熟語・フレーズを聞く ♪105

□417 📛
侮辱
affront
/əfrʌ́nt/

a_____

彼の尊厳に対する侮辱

an（　　　　　　）to his dignity

□418 📛
憎しみ
animosity
/ǽnəmásəti/

a_____

〜に対して憎しみを抱く

feel（　　　　　　）toward 〜

□419 📛
慰め
solace
/sáləs/

s_____

〜に慰めを求める

seek（　　　　　　）in 〜

□420 📛
憶測
speculation
/spèkjuléiʃən/

s_____

単なる憶測

pure（　　　　　　）

□421 📛
要点
gist
/dʒíst/

g_____

その報告書の要点

the（　　　）of the report

□422 📖
〜を入手する
procure
/proukjúər/

p_____

そのコンサートのチケットを入手する

（　　　　　　）a ticket for the concert

□423 📖
〜を奮い起こす
muster
/mʌ́stər/

m_____

〜する勇気を奮い起こす

（　　　　　　）the courage to do 〜

□424 📖
〜に嫌悪感を抱かせる
repulse
/ripʌ́ls/

r_____

〜という事実に嫌悪感を抱く

be（　　　　　　）by the fact that 〜

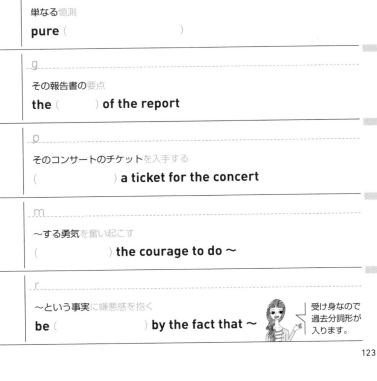

受け身なので
過去分詞形が
入ります。

123

Day 27

① 私は彼の横柄さに嫌悪感を抱いた。

I was (　　　　　　　) by his arrogance.

② 彼女が言ったことの要点を教えてくれますか？

Can you give me the (　　　) of what she said?

③ 信仰に慰めを見いだす人もいる。

Some people find (　　　　　) in their faith.

④ 近いうちに総選挙が行われるという憶測が高まっている。

There is growing (　　　　　　　　) that the general election will be held soon.

⑤ その政治家のコメントは女性を侮辱するものだった。

The politician's comments were an (　　　　　) to women.

⑥ 彼はその少女の電話番号を何とか入手した。

He managed to (　　　　　　) the girl's phone number.

⑦ 私は彼に対する個人的な憎しみは持っていない。

I have no personal (　　　　　　) toward him.

⑧ 彼は勇気を奮い起こして自分の書いたラブレターを彼女に手渡した。

He (　　　　　　) the courage to hand her the love letter he had written.

解答　① repulsed（424）　② gist（421）　③ solace（419）　④ speculation（420）　⑤ affront（417）
　　　⑥ procure（422）　⑦ animosity（418）　⑧ mustered（423）

□ 425 　動
～をボディーチェックする
frisk
/frísk/

f
不審者をボディーチェックする
(　　　　　　　) **a suspicious person**

□ 426 　熟
居眠りする
nod off

n
授業中に居眠りする
(　　　) (　　　) **during class**

□ 427 　熟
～に押しかける
descend on

d
そのスタジアムに押しかける
(　　　　　　) (　　　) **the stadium**

□ 428 　熟
理解される
sink in

s
まだ理解されていない
have yet to (　　　) (　　　)

□ 429 　熟
～を続ける
hold down

h
1つの仕事を続ける
(　　　　) (　　　　　) **a job**

□ 430 　熟
結局～である
boil down to

b
結局、すべては～だ
Everything (　　　　) (　　　　)
(　　　) **～.**

主語が everything
なので3単現の -s が
つきます。

□ 431 　名
反感
antipathy
/ǽntípəθi/

a
～に反感を覚える
feel (　　　　　　　) **to ～**

□ 432 　名
敬意
homage
/hάmidʒ/

h
～に敬意を表する
pay (　　　　　　) **to ～**

センテンスの空所を埋める ▶ センテンスを聞く 　　　　　　　　　　　　 》108

---

① 政治に対する反感が広まっている。

There is widespread (　　　　　　　　) to politics.

---

② 彼は家族を養うために2つの仕事を続けている。

He (　　　　) (　　　　　) two jobs to provide for his family.

---

③ 何百人ものデモ参加者が米国大使館に押しかけた。

Hundreds of demonstrators (　　　　　　　　　　) (　　　) the US embassy.

---

④ 警官は武器を隠し持っていないか確かめるため、その男をボディーチェックした。

The police officer (　　　　　　) the man for hidden weapons.

---

⑤ その式典は第2次世界大戦で殺された人々に敬意を表するために開催された。

The ceremony was held to pay (　　　　　　　) to those killed in World War II.

---

⑥ 問題は結局、金が足りないということだ。

The problem (　　　　　) (　　　　　) (　　) lack of money.

---

⑦ 私は気づくと会議中に居眠りしていた。

I found myself (　　　　　　　) (　　　) during the meeting.

---

⑧ 理解するまで、私はその電子メールを何回か読んだ。

I read the e-mail several times before it (　　　　) (　　).

解答

① antipathy (431)　② holds down (429)　③ descended on (427)　④ frisked (425)
⑤ homage (432)　⑥ boils down to (430)　⑦ nodding off (426)　⑧ sank in (428)

単語・熟語を読む ▶ 単語・熟語を書く ▶ フレーズの空所を埋める ▶ 単語・熟語・フレーズを聞く　◈111

□ 441 動
顔をしかめる
wince
/wíns/

W
痛みで顔をしかめる
(　　　　　　　) with pain

□ 442 動
〜を特定する
pinpoint
/pínpɔ̀int/

p
死亡時刻を特定する
(　　　　　　　) the time of death

□ 443 動
〜を推測する
infer
/infə́ːr/

i
文脈から意味を推測する
(　　　　　　) meaning from the context

□ 444 形
飽くことを知らない
insatiable
/inséiʃəbl/

i
〜に対する飽くことを知らない欲望
an (　　　　　　　　) appetite for 〜

発音注意！

□ 445 形
下手な
inept
/inépt/

i
下手な言い訳
an (　　　　　) excuse

□ 446 形
暗黙の
implicit
/implísit/

i
暗黙の非難
(　　　　　　　) criticism

□ 447 熟
〜をかわす
fend off

f
〜に関する質問をかわす
(　　　　) (　　　　) questions about 〜

□ 448 熟
〜を探し回る
poke around in

p
引き出しを探し回る
(　　　) (　　　　　　) (　　) the drawer

① 彼女は料理が全く下手だ。

She is completely (　　　　) at cooking.

② 彼女の発言から何が推測できますか？

What can you (　　　　) from her statement?

③ 腹部の痛みに彼女は顔をしかめた。

The pain in her stomach made her (　　　　).

④ その CEO はマスコミからの質問を何とかかわした。

The CEO managed to (　　　) (　　) questions from the press.

⑤ 私は彼の沈黙を暗黙の同意と受け取った。

I took his silence as (　　　　) assent.

⑥ 捜査官たちはまだその火事の原因を特定できないでいる。

Investigators are still unable to (　　　　　) the cause of the fire.

⑦ 彼女は着る物を見つけようとクローゼットを探し回った。

She (　　　　) (　　　　) (　　) her closet for something to wear.

⑧ 彼女は飽くことを知らない好奇心を異文化に対して持っている。

She has an (　　　　　) curiosity about other cultures.

解答　① inept (445)　② infer (443)　③ wince (441)　④ fend off (447)　⑤ implicit (446)
⑥ pinpoint (442)　⑦ poked around in (448)　⑧ insatiable (444)

単語・熟語を読む ▶ 単語・熟語を書く ▶ フレーズの空所を埋める ▶ 単語・熟語・フレーズを聞く　♪ 113

□ 449 熟
〜をすらすらと言う
rattle off

　　r
その歌の歌詞をすらすらと言う
(　　　　　)(　　　　) the lyrics of the song

□ 450 熟
〜に本当のことを言う
level with

　　l
彼女に〜について本当のことを言う
(　　　　　)(　　　　　) her about 〜

□ 451 熟
〜に共感する
identify with

　　i
反戦運動に共感する
(　　　　　)(　　　　) the antiwar movement

□ 452 熟
口を挟む
butt in

　　b
口を挟み続ける
keep (　　　　　)(　　)

最初の空所には動名詞形が入ります。

□ 453 熟
〜について意見をまくし立てる
sound off about

　　s
経済について意見をまくし立てる
(　　　　)(　　　)(　　　) the economy

□ 454 熟
〜をうまくやり遂げる
pull off

　　p
その取引をうまくやり遂げる
(　　　)(　　　) the deal

□ 455 熟
〜を先を争って買う
snap up

　　s
特売品を先を争って買う
(　　　　)(　　　) bargains

□ 456 熟
〜を作成する
draw up

　　d
リストを作成する
(　　　　)(　　) a list

Day 29

① 他の人が話している時は、口を挟むのはやめてください。

Stop ( ) ( ) **when others are speaking.**

② 大統領は米国民に本当のことを言うべきだ。

The president should ( ) ( ) **the American people.**

③ 客たちは在庫一掃商品を先を争って買っていた。

Customers were ( ) ( ) **clearance items.**

④ 彼は多くの人が不可能と考えていた偉業をうまくやり遂げた。

He ( ) ( ) **a feat that many thought impossible.**

⑤ 彼は自分でその契約書を作成した。

He ( ) ( ) **the contract himself.**

⑥ 彼はアフリカのすべての国の名前をすらすらと言える。

He can ( ) ( ) **the names of every country in Africa.**

⑦ 私はその映画の主人公に共感した。

I ( ) ( ) **the main character in the movie.**

⑧ 彼はいつも政治について意見をまくし立てている。

He is always ( ) ( ) ( ) **politics.**

解答 | ① butting in (452) ② level with (450) ③ snapping up (455) ④ pulled off (454)
⑤ drew up (456) ⑥ rattle off (449) ⑦ identified with (451) ⑧ sounding off about (453)

単語・熟語を読む ▶ 単語・熟語を書く ▶ フレーズの空所を埋める ▶ 単語・熟語・フレーズを聞く　♪ 115

□457 熟
〜を奮い起こす
pluck up

p
勇気を奮い起こして〜する
(　　　　) (　　　　) **courage to do 〜**

□458 熟
〜を手早く作る
whip up

w
朝食を手早く作る
(　　　　) (　　　　) **breakfast**

□459 熟
〜を選ぶ
opt for

o
早期退職を選ぶ
(　　　　) (　　　　) **early retirement**

□460 熟
〜の思い出話をする
reminisce about

r
子どものころの思い出話をする
(　　　　　) (　　　　) **one's childhood**

□461 熟
A をおだてて〜させる
cajole A into doing

c
彼をおだててその仕事をさせる
(　　　　) **him** (　　　　) **doing the job**

□462 熟
A に〜するよう懇願する
implore A to do

i
彼に行かないよう懇願する
(　　　　) **him not** (　　) **go**

□463 熟
〜を気に留めない
be heedless of

be h
危険に注意を払わない
be (　　　　　　) (　　) **danger**

この意味も
押さえて
おきましょう。

□464 熟
騒ぎ立てる
kick up a fuss

k
どうでもいいことで騒ぎ立てる
(　　) (　　) (　) (　　　　) **about nothing**

133

① 彼は人混みを気に留めずに叫んだ。

He shouted, (　　　　　　　) (　　) the crowd.

② 乗客たちは彼らの便が欠航となったと知らされると騒ぎ立てた。

The passengers (　　　　) (　　) (　) (　　　　) when informed their flight had been canceled.

③ 彼は勇気を奮い起こして彼女をデートに誘った。

He (　　　　　　　) (　　　) the courage to ask her out.

④ 卒業後、彼はジャーナリズムでの仕事を選んだ。

After graduating, he (　　　　　) (　　) a career in journalism.

⑤ 彼女は私に昼食を手早く作ってくれた。

She (　　　　　　　) (　　) lunch for me.

⑥ 彼は人をおだてて自分のしてほしいことをさせるのがうまい。

He is good at (　　　　　　　) people (　　　　) doing what he wants.

⑦ 私たちは学生時代の思い出話をした。

We (　　　　　　　) (　　　　　) our school days.

⑧ 彼女は彼に助けてくれるよう懇願した。

She (　　　　　　　) him (　　) help her.

解答 | ① heedless of (463)　② kicked up a fuss (464)　③ plucked up (457)　④ opted for (459)
⑤ whipped up (458)　⑥ cajoling, into (461)　⑦ reminisced about (460)　⑧ implored, to (462)

単語・熟語を読む ▶ 単語・熟語を書く ▶ フレーズの空所を埋める ▶ 単語・熟語・フレーズを聞く　》117

□ 465 　名
良心のとがめ
scruple
/skrú:pl/

s

~することに何の良心のとがめも感じない
**have no (　　　　　　　) about
doing ~**

通例、複数形で
用いられます。

□ 466 　動
突進する
hurtle
/háːrtl/

h

~に突進して来る
come (　　　　　　　) toward ~

進行形が入ります。

□ 467 　動
~を走り書きする
scrawl
/skrɔ́ːl/

s

~に彼の電話番号を走り書きする
(　　　　　　　) his phone number on ~

□ 468 　動
~を切り出す
broach
/bróutʃ/

b

その話題を彼女に切り出す
(　　　　　　　) the subject with her

□ 469 　動
~を持ち上げる
heave
/híːv/

h

そのソファを引っ張る
(　　　　　　　) the sofa

「力を入れて引く
[押す]」という
意味もあります。

□ 470 　動
散り散りになる
disperse
/dispáːrs/

d

次第に散り散りになる
gradually (　　　　　　　)

□ 471 　形
恣意的な
arbitrary
/áːrbətrèri/

a

独断的な決定
an (　　　　　　　) decision

この意味も
押さえて
おきましょう。

□ 472 　形
遠回しな
roundabout
/ráundəbàut/

r

遠回しに
in a (　　　　　　　) way

① その市長は賄賂を受け取ることに何の良心のとがめも感じなかった。

The mayor had no (　　　　　　　　　) about accepting bribes.

② 私はどのようにして両親にその件を切り出すべきか迷った。

I wondered how I should (　　　　　　) the matter with my parents.

③ 彼は彼女の住所をメモ帳に走り書きした。

He (　　　　　　　) her address on the pad.

④ 彼女は会社を辞めるつもりであることを私に遠回しに伝えた。

She told me, in a (　　　　　　　) way, that she was leaving the company.

⑤ 警察が到着すると、群衆は散り散りになった。

The crowd (　　　　　　　) after the police arrived.

⑥ 規則は恣意的であってはならない。

Rules should not be (　　　　　　).

⑦ 彼はその箱を持ち上げてテーブルの上に置いた。

He (　　　　　　) the box onto the table.

⑧ パトカーが通りを突進して行った。

A police car (　　　　　　) down the road.

解答　① scruples (465)　② broach (468)　③ scrawled (467)　④ roundabout (472)　⑤ dispersed (470)
　　　⑥ arbitrary (471)　⑦ heaved (469)　⑧ hurtled (466)

単語・熟語を読む ▶ 単語・熟語を書く ▶ フレーズの空所を埋める ▶ 単語・熟語・フレーズを聞く　》119

□ 473　形
秘密の
covert
/kóuvərt/

c
秘密計画
a (　　　　　) **plan**

□ 474　形
果敢な
valiant
/vǽljənt/

v
果敢な努力
a (　　　　　) **effort**

□ 475　形
不満を抱いた
disgruntled
/disgrʌ́ntld/

d
不満を抱いた従業員たち
(　　　　　) **employees**

□ 476　形
抜け目のない
shrewd
/ʃrúːd/

s
抜け目のない政治家
a (　　　　　) **politician**

□ 477　形
率直な
candid
/kǽndid/

c
率直に言うと
to be (　　　　　) **with you**

□ 478　熟
〜にごまをする
butter up

b
上司にごまをする
(　　　　) (　　　　) **one's boss**

□ 479　熟
〜を徹底的に調べる
delve into

d
その問題をさらに徹底的に調べる
(　　　　) **further** (　　　　) **the issue**

□ 480　熟
〜に本腰を入れる
buckle down to

b
学業に本腰を入れる
(　　　) (　　　) (　　　) **one's studies**

センテンスの空所を埋める ► センテンスを聞く　　　　　　　　　　　》120

① 彼女は自分の扱われ方に不満を抱いていた。

She was (　　　　　　　　　　) at the way she had been treated.

② 参加者たちはその問題に関して率直な意見を交わした。

Participants exchanged (　　　　　　　) views on the issue.

③ 彼は抜け目のない実業家だ。

He is a (　　　　　　　) businessman.

④ 消防士たちは燃え上がる家の中へ入ろうと何度か果敢に試みた。

Firefighters made several (　　　　　　) attempts to enter the burning home.

⑤ そろそろ仕事に本腰を入れるころだ。

It's time to (　　　　) (　　　　) (　　) work.

⑥ 警察はその容疑者の経歴を徹底的に調べた。

Police (　　　　　) (　　　) the suspect's background.

⑦ 警察はそのビルの秘密の監視を数週間にわたって行った。

Police carried out (　　　　　　) surveillance of the building for several weeks.

⑧ 私にごまをすっても無駄ですよ。

It's no use (　　　　　　　) me (　　　).

解答　① disgruntled (475)　② candid (477)　③ shrewd (476)　④ valiant (474)
　　　⑤ buckle down to (480)　⑥ delved into (479)　⑦ covert (473)　⑧ buttering, up (478)

単語・熟語を読む ▶ 単語・熟語を書く ▶ フレーズの空所を埋める ▶ 単語・熟語・フレーズを聞く ◗) 121

□ 481 熟
〜を見てほくそ笑む
gloat over

g_____
他人の不幸を見てほくそ笑む
(   ) (   ) others' misfortunes

□ 482 熟
〜を解決する
sort out

s_____
困難な状況を解決する
(   ) (   ) a difficult situation

□ 483 熟
いたずらをする
act up

a_____
人前でふざける
(   ) (   ) in public

この意味も
押さえて
おきましょう。

□ 484 熟
〜を疑っている
be skeptical about

be s_____
その目撃者の証言を疑っている
be (   ) (   ) **the witness's testimony**

□ 485 熟
〜が上手である
be adept at

be a_____
うそをつくのがうまい
be (   ) (   ) **lying**

□ 486 動
〜を嘆く
lament
/ləmént/

l_____
〜という事実を嘆く
(   ) **the fact that 〜**

□ 487 動
〜をなだめる
mollify
/máləfài/

m_____
怒っているファンたちをなだめる
(   ) **angry fans**

□ 488 動
〜を画策する
orchestrate
/ɔ́ːrkəstrèit/

o_____
うまく画策された陰謀
a well-(   )
conspiracy

受け身なので
過去分詞形が
入ります。

センテンスの空所を埋める ▶ センテンスを聞く　　　　　　　　　　　　　　　》》122

① 彼女は料理がとても上手だ。
She is very (　　　　　) (　　　) **cooking.**

② 気候変動の脅威を疑っている科学者はほとんどいない。
Few scientists are (　　　　　　　　) (　　　　　　　) **the threat of climate change.**

③ 私たちには解決すべき問題がまだいくつかある。
We still have a number of problems to (　　　) (　　　).

④ 彼らは伝統的な価値観の衰退を嘆いている。
They (　　　　　　) **the decline of traditional values.**

⑤ 彼女はライバルの失敗を見てほくそ笑んだ。
She (　　　　　) (　　　　) **her rival's failure.**

⑥ その男は何件かの爆破事件を画策したと考えられている。
The man is believed to have (　　　　　　　　) **several bombings.**

⑦ 彼は私の説明に少しはなだめられたように見えた。
He seemed somewhat (　　　　　　　) **by my explanation.**

⑧ 授業中にいたずらをしてはいけません。
Don't (　　　) (　　　) **in class.**

解答　① adept at (485)　② skeptical about (484)　③ sort out (482)　④ lament (486)
　　　⑤ gloated over (481)　⑥ orchestrated (488)　⑦ mollified (487)　⑧ act up (483)

単語・熟語を読む ▶ 単語・熟語を書く ▶ フレーズの空所を埋める ▶ 単語・熟語・フレーズを聞く　◊ 123

□ 489
〜を考える
contemplate
/kántəmplèit/

c
辞職を考える
(　　　　　　　　) resigning

□ 490
〜を繰り返して言う
reiterate
/ri:ítərèit/

r
懸念を繰り返して言う
(　　　　　　　　) one's concerns

□ 491
〜を激しく非難する
assail
/əséil/

a
四方八方から激しく非難される
be (　　　　　　　) from all sides

受け身なので
過去分詞形が
入ります。

□ 492
〜をなだめる
appease
/əpíːz/

a
彼をなだめる唯一の方法
the only way to (　　　　　　) him

□ 493
〜をひけらかす
flaunt
/flɔ́:nt/

f
富をひけらかす
(　　　　　　) one's wealth

□ 494
続く
persist
/pərsíst/

p
1日中続く
(　　　　　　) throughout the day

□ 495
〜を引き出す
elicit
/ilísit/

e
彼女から返答を引き出す
(　　　　　　) a response from her

□ 496
〜をあざける
deride
/diráid/

d
彼のアイデアをあざける
(　　　　　　) his idea

Day 31

① 両国首脳は協力強化の重要性を繰り返し述べた。

The leaders of the two countries (　　　　　　　　) the importance of strengthening their cooperation.

② 彼女は彼を愚かだとあざけった。

She (　　　　　　) him as stupid.

③ 回答者の 40 パーセント近くが転職を考えたことがあった。

Nearly 40 percent of respondents (　　　　　　　　) changing jobs.

④ 痛みが続くようであれば、医者に診てもらいなさい。

If the pain (　　　　　　　), consult your doctor.

⑤ 彼は優しい言葉で彼女をなだめようとした。

He tried to (　　　　　) her with gentle words.

⑥ 野党は首相の指導力のなさを激しく非難した。

Opposition parties (　　　　　　　) the prime minister for his lack of leadership.

⑦ 彼は同僚たちの前で自分の業績をひけらかしたことが一度もない。

He has never (　　　　　　) his achievements in front of his colleagues.

⑧ 警察はその容疑者から自白を引き出そうとした。

The police tried to (　　　　　) a confession from the suspect.

解答
① reiterated (490)　② derided (496)　③ contemplated (489)　④ persists (494)
⑤ appease (492)　⑥ assailed (491)　⑦ flaunted (493)　⑧ elicit (495)

Day 32　思考・動作7

CHAPTER	CHAPTER	CHAPTER	CHAPTER	CHAPTER	CHAPTER	CHAPTER
1	2	3	4	**5**	6	7

単語・熟語を読む ▶ 単語・熟語を書く ▶ フレーズの空所を埋める ▶ 単語・熟語・フレーズを聞く　))) 125

□ 497　動
〜だと主張する
maintain
/meintéin/

m
彼女は無罪だと主張する
(　　　　　　　　　) **that she is innocent**

□ 498　形
容赦のない
relentless
/riléntlis/

r
容赦のない非難
(　　　　　　　　) **criticism**

□ 499　形
怪しげな
sinister
/sínəstər/

s
怪しげな笑い
a (　　　　　　　) **laugh**

□ 500　形
挑戦的な
belligerent
/bəlídʒərənt/

b
挑戦的な態度
a (　　　　　　　) **attitude**

□ 501　形
粘り強い
tenacious
/tənéiʃəs/

t
粘り強い抵抗
(　　　　　　　) **resistance**

□ 502　熟
〜に尻込みする
shy away from

s
〜について話すことに尻込みする
(　　) (　　　　) (　　　) **talking about 〜**

□ 503　熟
散らばる
fan out

f
四方八方に散らばる
(　　　) (　　　) **in all directions**

□ 504　熟
〜にそれとなく言及する
allude to

a
結婚をほのめかす
(　　　　　) (　　) **marriage**

この意味も
押さえて
おきましょう。

センテンスの空所を埋める ▶ センテンスを聞く 》126

① 彼は演説の中でその問題にそれとなく言及した。

He（　　　　　　　）（　　　）the problem in his speech.

---

② 彼女は難題に尻込みしたことが一度もない。

She has never（　　　　　）（　　　　　）（　　　　　）a challenge.

---

③ 魂は不滅だと彼は主張している。

He（　　　　　　　　）that the soul is immortal.

---

④ 彼には怪しげなところがある。

There is something（　　　　　　　）about him.

---

⑤ 彼は正義を追求する際は容赦はしなかった。

He was（　　　　　　　　）in pursuing justice.

---

⑥ 目標を達成するためにあなたは粘り強く努力しなければならない。

You have to make（　　　　　　　　　）efforts to achieve your goal.

---

⑦ 警察によるとその男は酔っていて、警官たちに対して挑戦的だった。

Police said that the man was intoxicated and was（　　　　　　　　　）toward officers.

---

⑧ その家を包囲するために刑事たちが散らばった。

Detectives（　　　　　　）（　　　　）to surround the house.

解答　① alluded to (504)　② shied away from (502)　③ maintains (497)　④ sinister (499)
⑤ relentless (498)　⑥ tenacious (501)　⑦ belligerent (500)　⑧ fanned out (503)

単語・熟語を読む ▶ 単語・熟語を書く ▶ フレーズの空所を埋める ▶ 単語・熟語・フレーズを聞く))127

□ 505 熟
眠りに落ちる
drift off

d
知らないうちに眠りに落ちる
(　　　　　) (　　　　　) **in spite of oneself**

□ 506 熟
〜に的を絞る
zero in on

z
1つの目標に的を絞る
(　　　) (　　　) (　　　) **one objective**

□ 507 熟
〜を伝える
pass on

p
その情報を彼に伝える
(　　　　) (　　　　) **the information to him**

□ 508 熟
A を B で非難する
rebuke A for B

r
遅刻したことで彼を非難する
(　　　　　) **him** (　　　) **being late**

□ 509 動
〜を取り囲む
besiege
/bisíːdʒ/

b
ファンに取り囲まれる
be (　　　　　　　) **by fans**

受け身なので
過去分詞形が
入ります。

□ 510 動
〜を軽視する
belittle
/bilítl/

b
〜の重要性を軽視する
(　　　　　) **the importance of 〜**

□ 511 動
〜を爆発させる
detonate
/détənèit/

d
爆弾を爆発させる
(　　　　　) **a bomb**

□ 512 動
〜を一掃する
dispel
/dispél/

d
彼女の不安を一掃する
(　　　　　) **her fears**

Day 32

① 人の努力を軽視してはならない。

Don't ( ) the efforts of others.

② あなたのメッセージを彼女に伝えておきます。

I'll ( ) your message ( ) to her.

③ 彼は身勝手さを非難された。

He was ( )( ) his selfishness.

④ 彼女が眠りに落ちた途端に電話が鳴った。

She had just ( )( ) when the phone rang.

⑤ 1951年から1962年の間に、100発以上の核爆弾がネバダ砂漠で爆発させられた。

Between 1951 and 1962, over 100 nuclear bombs were
( ) in the Nevada desert.

⑥ その映画スターは報道陣に取り囲まれた。

The movie star was ( ) by reporters.

⑦ その会社は若者向け市場に的を絞っている。

The company is ( )( )( ) the youth market.

⑧ そのCEOは自分が近く辞任するとのうわさを一掃しようとした。

The CEO tried to ( ) the rumor that he was resigning soon.

解答 | ① belittle (510) ② pass, on (507) ③ rebuked for (508) ④ drifted off (505) ⑤ detonated (511)
| ⑥ besieged (509) ⑦ zeroing in on (506) ⑧ dispel (512)

146

単語・熟語を読む　▶　単語・熟語を書く　▶　フレーズの空所を埋める　▶　単語・熟語・フレーズを聞く　　♪ 129

□ 513 動
〜を沈める
submerge
/səbmə́:rdʒ/

s
マメを水につける
(　　　　　　　　　) beans in water

この意味も
押さえて
おきましょう。

□ 514 動
〜を認める
concede
/kənsíːd/

c
負けを認める
(　　　　　　) defeat

□ 515 動
〜を拒絶する
rebuff
/ribʌ́f/

r
彼の申し出を拒絶する
(　　　　　) his offer

□ 516 動
〜を開始する
instigate
/ínstəgèit/

i
調査を開始する
(　　　　　) an investigation

□ 517 動
〜をもぎ取る
wrench
/réntʃ/

w
彼の手から拳銃をもぎ取る
(　　　　　) the gun from his hand

□ 518 形
一貫性のない
incoherent
/ìnkouhíərənt/

i
一貫性のない演説
an (　　　　　　　　) speech

□ 519 形
辛らつな
caustic
/kɔ́ːstik/

c
辛らつなコメント
a (　　　　　) comment

□ 520 形
こそこそした
furtive
/fə́ːrtiv/

f
〜を盗み見る
cast a (　　　　　) glance at 〜

「人目を忍んだ」と
いった意味合いです。

147

Day 33

① その会社はマイクロソフト社からの買収の申し出を拒絶した。

The company (　　　　　　　　　) a buyout offer from Microsoft.

② 彼はうそをついたことを認めた。

He (　　　　　　　) that he had lied.

③ 政府の外交政策には一貫性がない。

The government's foreign policy is (　　　　　　　).

④ その強盗は彼女の手からハンドバッグをもぎ取った。

The robber (　　　　　　　) the purse from her hands.

⑤ 彼女の動きにはこそこそしたところがあった。

There was something (　　　　　) about her movements.

⑥ そのラジオ番組の司会者は辛らつなユーモアで知られている。

The radio host is known for his (　　　　　) humor.

⑦ 政府は多くの財政改革を開始している。

The government has (　　　　　　　) numerous fiscal reforms.

⑧ ダムが建設された時に、その村全体が沈められた。

The whole village was (　　　　　　　) when the dam was built.

解答　① rebuffed (515)　② conceded (514)　③ incoherent (518)　④ wrenched (517)　⑤ furtive (520)
⑥ caustic (519)　⑦ instigated (516)　⑧ submerged (513)

単語・熟語を読む ▶ 単語・熟語を書く ▶ フレーズの空所を埋める ▶ 単語・熟語・フレーズを聞く))) 131

□ 521 形
細心の注意を払う
meticulous
/mətíkjuləs/

m
言葉遣いに細心の注意を払う
be (　　　　　　　) in one's use of words

□ 522 形
実際的な
pragmatic
/prægmǽtik/

p
実際的な解決策
a (　　　　　　　) solution

□ 523 形
敵意を持った
antagonistic
/æntǽgənístik/

a
互いに敵意を持っている
be (　　　　　　　) to each other

□ 524 形
実直な
scrupulous
/skrúːpjuləs/

s
実直な政治家
a (　　　　　　　) politician

□ 525 動
～をひどく嫌う
detest
/ditést/

d
嫌い合う
(　　　　　　　) each other

□ 526 熟
～をがみがみしかる
bawl out

b
部下をがみがみしかる
(　　　) (　　　) one's subordinates

□ 527 熟
～にけしかける
egg on

e
彼女をそそのかし続ける
keep (　　　　) her (　　　)

動名詞形が入ります。
この意味も押さえて
おきましょう。

□ 528 熟
～を偶然見つける
stumble across

s
すてきなレストランを偶然見つける
(　　　　) (　　　　) a nice restaurant

Day 33

① そのコーチは遅刻したことで彼をがみがみしかった。

The coach (　　　　　　　) him (　　　) for being late.

---

② 彼は気配りのある実直な若者だ。

He is a sensitive and (　　　　　　　　　　　) young man.

---

③ 彼は個人的に私に敵意を持っていた。

He was (　　　　　　　　　) to me personally.

---

④ 彼は仕事に細心の注意を払っている。

He is (　　　　　　　　) in his work.

---

⑤ 私は屋根裏部屋で子どものころの古い写真を偶然見つけた。

I (　　　　　　) (　　　　　　) old pictures from my childhood in the attic.

---

⑥ 友人たちが私にけしかけたので、私はその少年を殴った。

I hit the boy as my friends (　　　　) me (　　).

---

⑦ 私たちはその問題に対してより実際的な取り組みを行う必要がある。

We need to take a more (　　　　　　　　　) approach to the issue.

---

⑧ 私は子どものように扱われるのがひどく嫌いだ。

I (　　　　　) being treated like a child.

解答　① bawled, out (526)　② scrupulous (524)　③ antagonistic (523)　④ meticulous (521)
⑤ stumbled across (528)　⑥ egged, on (527)　⑦ pragmatic (522)　⑧ detest (525)

単語・熟語を読む ▶ 単語・熟語を書く ▶ フレーズの空所を埋める ▶ 単語・熟語・フレーズを聞く　》133

□ 529 　熟
爆笑する
crack up

c＿＿＿＿
突然爆笑する
suddenly (　　　　) (　　　)

□ 530 　熟
A をなだめて～させる
coax A into doing

c＿＿＿＿
子どもをなだめて寝かせる
(　　　　) **a child** (　　　　) **going to bed**

□ 531 　熟
～に八つ当たりする
take it out on

t＿＿＿＿
家族に八つ当たりする
(　　　) (　　) (　　　　) (　　) **one's family**

□ 532 　熟
今にして思えば
in hindsight

i＿＿＿＿
今にして思えば、私は～すべきだった
(　　) (　　　　　　　　　), **I should have done ～.**

□ 533 　名
気まぐれ
whim
/hwím/

w＿＿＿＿
気まぐれで
on a (　　　　)

□ 534 　名
叱責
reprimand
/réprəmænd/

r＿＿＿＿
～の理由で彼女を叱責する
give her a (　　　　　　) **for ～**

□ 535 　名
姿勢
posture
/pástʃər/

p＿＿＿＿
真っすぐな姿勢
an upright (　　　　　)

□ 536 　形
話したがらない
reticent
/rétəsənt/

r＿＿＿＿
自分の過去について話したがらない
be (　　　　　) **about one's past**

センテンスの空所を埋める ▶ センテンスを聞く 》134

① 彼女は自分の私生活について話したがらない。
She is (　　　　　　　) about her private life.

② 気まぐれで物を買ってはならない。
Don't buy things on a (　　　　　).

③ 私は娘をなだめて医者に行かせた。
I (　　　　　　) my daughter (　　　) going to the doctor.

④ 私のせいではないのだから、私に八つ当たりしないでください！
It's not my fault, so don't (　　　) (　) (　　　) (　) me!

⑤ 彼は彼の行動を厳しく叱責された。
He received a severe (　　　　　　　　) for his action.

⑥ 今にして思えば、そのプロジェクトは失敗だった。
(　) (　　　　　　　), the project was a failure.

⑦ 彼女は姿勢がとてもよい。
She has very good (　　　　　).

⑧ そのジョークを聞くと、彼女は爆笑した。
She (　　　　　) (　　) when she heard the joke.

解答
① reticent (536)　② whim (533)　③ coaxed, into (530)　④ take it out on (531)
⑤ reprimand (534)　⑥ In hindsight (532)　⑦ posture (535)　⑧ cracked up (529)

単語・熟語を読む ▶ 単語・熟語を書く ▶ フレーズの空所を埋める ▶ 単語・熟語・フレーズを聞く))) 135

□ 537 形
簡潔な
succinct
/səksíŋkt/

s _____

簡潔な**説明**
a ( ) explanation

□ 538 形
悪意のある
malevolent
/məlévələnt/

m _____

悪意のある**目つき**
( ) eyes

□ 539 形
説得力のない
flimsy
/flímzi/

f _____

説得力のない**説明**
a ( ) explanation

□ 540 形
譲らない
adamant
/ǽdəmənt/

a _____

内閣は退陣すべきだと言って譲らない
be ( ) that the government should step
down

□ 541 形
分かりにくい
elusive
/ilúːsiv/

e _____

分かりにくい**考え**
an ( ) idea

□ 542 形
とっぴな
erratic
/irǽtik/

e _____

とっぴな**行動**
( ) behavior

□ 543 形
謎めいた
inscrutable
/inskrúːtəbl/

i _____

謎めいた**笑み**
an ( ) smile

□ 544 動
～をけん責する
censure
/sénʃər/

c _____

情報を漏洩したことで彼を非難する
( ) him for leaking
information

この意味も
押さえて
おきましょう。

① 彼は考えを変えるつもりはないと言って譲らなかった。

He was (　　　　　　　　) that he would not change his mind.

② 彼は悪意のある視線を私に向けた。

He turned his (　　　　　　　　) gaze on me.

③ 彼女のプレゼンは簡潔で要を得たものだった。

Her presentation was (　　　　　　) and to the point.

④ その歌手はとっぴな行動でよく知られていた。

The singer was well-known for his (　　　　) behavior.

⑤ その役人は職務怠慢でけん責された。

The officer was (　　　　　　　) for negligence of duty.

⑥ 彼の謎めいた表情から彼の気分を見抜くことはできなかった。

I could not discern his mood from his (　　　　　　　) face.

⑦ 「人種」という概念は分かりにくい。

The concept of "race" is (　　　　　).

⑧ その被告に不利な証拠は説得力のないものだった。

The evidence against the defendant was (　　　　　).

解答　① adamant (540)　② malevolent (538)　③ succinct (537)　④ erratic (542)　⑤ censured (544)
　　　⑥ inscrutable (543)　⑦ elusive (541)　⑧ flimsy (539)

単語・熟語を読む ▶ 単語・熟語を書く ▶ フレーズの空所を埋める ▶ 単語・熟語・フレーズを聞く　�))137

□ 545 　動
〜を表す
manifest
/mǽnəfèst/

m
不満を表す
(　　　　　) one's dissatisfaction

□ 546 　動
不意に口を差し挟む
interject
/ìntərdʒékt/

i
不意に口を差し挟むのを控える
refrain from (　　　　　)
動名詞形が入ります。

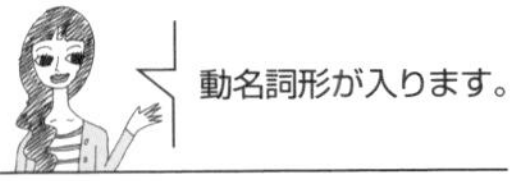

□ 547 　動
〜を避ける
shun
/ʃʌ́n/

s
世間の注目を避ける
(　　　　　) publicity

□ 548 　動
〜をけなす
disparage
/dispǽridʒ/

d
彼の業績をけなす
(　　　　　) his achievements

□ 549 　動
〜をはっきりと発音する
enunciate
/inʌ́nsièit/

e
言葉をはっきりと発音する
(　　　　　) one's words

□ 550 　形
秘められた
ulterior
/ʌltíəriər/

u
秘められた目的
an (　　　　　) purpose

□ 551 　副
不注意にも
inadvertently
/ìnədvə́ːrtntli/

i
重要なファイルを不注意にも削除する
(　　　　　) delete an important file

□ 552 　熟
〜をためらう
balk at

b
その質問をするのをためらう
(　　) (　　) asking the question

センテンスの空所を埋める ▶ センテンスを聞く   》138

① その母親は娘に対する愛情を表した。

The mother (　　　　　　　　 **) her love for her daughter.**

---

② スピーチをする時は、一語一語をはっきりと発音してください。

When you speak, (　　　　　　　 **) each word.**

---

③ 評論家たちはその映画を B 級映画だとけなした。

Critics (　　　　　　　 **) the film as a B-movie.**

---

④ 彼女は不注意にも真相を明かしてしまった。

She (　　　　　　　 **) revealed the truth.**

---

⑤ 彼は同僚たちに避けられている。

He is (　　　　 **) by his colleagues.**

---

⑥ 「あなたは間違っている！」と彼女は不意に口を差し挟んだ。

"You are wrong!" she (　　　　　　　 **).**

---

⑦ 私を訪ねるとは、彼には秘められた動機があるに違いない。

He must have an (　　　　　　 **) motive for visiting me.**

---

⑧ 彼はその料金を支払うのをためらった。

He (　　　　 **) (** 　 **) paying the fee.**

解答　① manifested (545)　② enunciate (549)　③ disparaged (548)　④ inadvertently (551)
⑤ shunned (547)　⑥ interjected (546)　⑦ ulterior (550)　⑧ balked at (552)

単語・熟語を読む ▶ 単語・熟語を書く ▶ フレーズの空所を埋める ▶ 単語・熟語・フレーズを聞く ◀) 139

□ 553 熟
A を B に埋め込む
embed A in B

e
壁にめり込んだ弾丸
a bullet (　　　　　) (　　) the wall

受け身なので過去分詞形が入ります。

□ 554 熟
A を B のことで注意する
admonish A for B

a
彼の不作法を注意する
(　　　　　) him (　　) bad behavior

□ 555 熟
〜が嫌いである
be averse to

be a
宿題が嫌いである
be (　　　　　) (　　) homework

□ 556 名
予感
hunch
/hʌ́ntʃ/

h
〜という予感がする
have a (　　　　　) 〜

□ 557 動
〜を嘆く
bemoan
/bimóun/

b
自分の境遇を嘆く
(　　　　　) one's circumstances

□ 558 動
ぐずぐずする
procrastinate
/proukrǽstənèit/

p
ぐずぐずするのをやめる
stop (　　　　　)

動名詞形が入ります。

□ 559 動
〜を求める
solicit
/səlísit/

s
慈善団体への寄付を求める
(　　　　　) donations for a charity

□ 560 動
いら立つ
chafe
/tʃéif/

c
いら立ち始める
begin to (　　　　　)

発音注意！

157

Day 35

① その会社は投資家に資金を求めた。

The company (　　　　　　　) funds from investors.

② 銀行業界は自分たちに課せられた規制にいら立っている。

Banks (　　　　　) at the restrictions placed on them.

③ 私は彼が私に電話をしてくるような予感がした。

I had a (　　　　　) that he would call me.

④ 彼は授業中に携帯電話を使ったことで注意された。

He was (　　　　　　　　) (　　) using his cell phone in class.

⑤ 誰もが戦争は嫌いだ。

Everyone is (　　　　　) (　　) war.

⑥ ぐずぐずしていると状況は悪化するだろう。

(　　　　　　　　　　　　) will make the situation worse.

⑦ 過去を嘆いても無駄だ。

It is no use (　　　　　　　) the past.

⑧ その指輪には 4 つの丸くカットされたダイヤモンドが埋め込まれている。

Four round cut diamonds are (　　　　　　　) (　　) the ring.

解答 ① solicited (559)　② chafe (560)　③ hunch (556)　④ admonished for (554)　⑤ averse to (555)
⑥ Procrastinating (558)　⑦ bemoaning (557)　⑧ embedded in (553)

単語・熟語を読む ▶ 単語・熟語を書く ▶ フレーズの空所を埋める ▶ 単語・熟語・フレーズを聞く　◈) 141

□ 561 　動
だらだらする
dawdle
/dɔ́:dl/

d

朝食をだらだらととる
(　　　　　　) **over breakfast**

□ 562 　動
〜を大目に見る
condone
/kəndóun/

c

彼の態度を大目に見る
(　　　　　　) **his behavior**

□ 563 　動
身を寄せ合う
huddle
/hʌ́dl/

h

たき火の周りで身を寄せ合う
(　　　　　　) **around the fire**

□ 564 　形
仰々しい
pretentious
/priténʃəs/

p

仰々しい演説
a (　　　　　　　) **speech**

□ 565 　形
異常なまでにこだわる
obsessive
/əbsésiv/

o

異常なまでに外見にこだわる
be (　　　　　　) **about one's appearance**

□ 566 　形
誤った
erroneous
/iróuniəs/

e

誤った結論
(　　　　　) **conclusions**

アクセント注意！

□ 567 　熟
〜に同情する
commiserate with

c

彼女の不幸に同情する
(　　　　　　　　) (　　　　　) **her on her**
misfortune

□ 568 　熟
〜にざっと目を通す
thumb through

t

その雑誌にざっと目を通す
(　　　　) (　　　　　) **the magazine**

Day 36

① 私たちはいかなる種類の暴力も大目に見ることはできない。

We cannot (　　　　　　　) violence of any kind.

② 私の上司は異常なまでに時間厳守にこだわる。

My boss is (　　　　　　　　) about punctuality.

③ その作家の文体は冗長で仰々しいと私は思う。

I think that the author's writing style is wordy and (　　　　　　　　).

④ 彼女はその洪水の被災者たちに同情した。

She (　　　　　　　　) (　　　　) the victims of the flood.

⑤ 彼らは一緒に身を寄せ合って暖を取った。

They (　　　　　　) together for warmth.

⑥ 私はその報告書にざっと目を通した。

I (　　　　) (　　　　　　) the report.

⑦ だらだらするのをやめて、仕事に取りかかりなさい！

Stop (　　　　　　) and get to work!

⑧ 私たちは第一印象に基づいて誤った判断をしがちだ。

We tend to make (　　　　　　) judgments based on our first impressions.

解答　① condone (562)　② obsessive (565)　③ pretentious (564)　④ commiserated with (567)
　　　⑤ huddled (563)　⑥ thumbed through (568)　⑦ dawdling (561)　⑧ erroneous (566)

単語・熟語を ▶ 単語・熟語を ▶ フレーズの空所を ▶ 単語・熟語・フレーズを　　))) 143

□ 569 熟
A を B に植えつける
instill A in B

i
恐怖心を彼に植えつける
(　　　　) fear (　　) him

□ 570 熟
急に怒りだす
fly off the handle

f
かっとなったことを謝る
apologize for (　　　　　　)
(　　) (　　　　) (　　　　　)

最初の空所には動名詞形が入ります。この意味も押さえておきましょう。

□ 571 熟
片をつける
have it out

h
今ここで決着をつける
(　　　) (　) (　　　) **here and now**

この意味も押さえておきましょう。

□ 572 熟
即座に
with alacrity

w
即座にその申し出に応じる
accept the offer (　　　) (　　　　　)

□ 573 名
万能の解決策
panacea
/pæ̀nəsíːə/

p
すべての問題の万能の解決策
a (　　　　　) **for all problems**

アクセント注意！

□ 574 名
突然のひらめき
epiphany
/ipífəni/

e
突然ひらめく
have an (　　　　　　)

□ 575 名
軽妙さ
levity
/lévəti/

l
深刻な話題を軽妙に扱う
treat a serious subject with (　　　)

□ 576 名
非難
condemnation
/kàndemnéiʃən/

c
国際的な非難を受ける
receive international (　　　　　　　)

Day 36

① テロリズムの万能の解決策などない。

There is no (　　　　　　) for terrorism.

② あなたは彼ときっぱり片をつけるべきだ。

You should (　　　　)(　　)(　　　　) with him once and for all.

③ 時には、場を和ませるためにちょっとした軽妙さが必要だ。

Sometimes a little (　　　　　　) is necessary to break the ice.

④ 私たちは生徒全員に自信を植えつける必要がある。

We need to (　　　　　) confidence (　　　) all our students.

⑤ その大臣の発言は広く一般の非難を引き起こした。

The minister's remarks provoked widespread (　　　　　　　　　).

⑥ 私はシャワーを浴びている時に突然ひらめいた。

I had an (　　　　　　　　) while taking a shower.

⑦ 彼は時々、急に怒りだすことがある。

He (　　　)(　　　)(　　　)(　　　　　　) sometimes.

⑧ 彼女は即座にその招待に応じた。

She accepted the invitation (　　　　)(　　　　　　).

解答　① panacea (573)　② have it out (571)　③ levity (575)　④ instill, in (569)　⑤ condemnation (576)
⑥ epiphany (574)　⑦ flies off the handle (570)　⑧ with alacrity (572)

162

CHAPTER

6

状況・性質

Chapter 6では、英検1級
の語句補充問題で頻出の、
「状況・性質」関連の単語・
熟語144を押さえていきま
す。9日間と長いChapter
ですが、ここが終われば残
りは5日！

単語・熟語を読む ▶ 単語・熟語を書く ▶ フレーズの空所を埋める ▶ 単語・熟語・フレーズを聞く 》145

□ 577 [動]
低迷する
languish
/lǽŋgwiʃ/

l
低迷を続ける
continue to ( )

□ 578 [熟]
〜に弱い
be vulnerable to
/ /

be v
誘惑に弱い
be ( ) ( ) **temptation**

□ 579 [動]
〜を苦しめる
plague
/pléig/

p
けがに悩まされる
be ( ) **by injury**

受け身なので過去分詞形が入ります。この意味も押さえておきましょう。

□ 580 [名]
傾向
propensity
/prəpénsəti/

p
賭博癖
a ( ) **for gambling**

「性癖」といった意味合いです。

□ 581 [名]
大混乱
havoc
/hǽvək/

h
大混乱を引き起こす
cause ( )

□ 582 [動]
〜を遠ざける
alienate
/éiljənèit/

a
多くの支持者を遠ざける
( ) **many supporters**

□ 583 [形]
無駄な
futile
/fjúːtl/

f
無駄な試み
a ( ) **attempt**

□ 584 [形]
固有の
inherent
/inhíərənt/

i
投資に固有のリスク
risks ( ) **in investment**

Day 37

① 株価は低水準で低迷している。

Stock prices are (　　　　　　　　　　) **at low levels.**

② 乳児は感染症に弱い。

Infants are (　　　　　　　　　) (　　) **infections.**

③ そのストライキは何万人もの通勤者たちに大混乱をもたらした。

The strike played (　　　　　) **with tens of thousands of commuters.**

④ 彼の利己的な態度は同僚たちを遠ざけてしまった。

His selfish attitude has (　　　　　　　) **his colleagues.**

⑤ どのスポーツにも固有の危険性がある。

Every sport has its (　　　　　　) **dangers.**

⑥ 彼を説得しようとしても無駄だろう。

It would be (　　　　) **to try to persuade him.**

⑦ 彼女は速く話し過ぎる傾向がある。

She has a (　　　　　　　) **to talk too fast.**

⑧ その国の人口の約 20 パーセントは貧困に苦しんでいる。

About 20 percent of the population in that country are (　　　　　　　) **by poverty.**

解答 ① languishing (577)　② vulnerable to (578)　③ havoc (581)　④ alienated (582)
　　 ⑤ inherent (584)　⑥ futile (583)　⑦ propensity (580)　⑧ plagued (579)

単語・熟語を読む ▶ 単語・熟語を書く ▶ フレーズの空所を埋める ▶ 単語・熟語・フレーズを聞く　》147

□ 585　名	t
特性	性格上の特性
trait	a personality (　　　　)
/tréit/	

□ 586　動	w
〜を切り抜ける	経済危機を切り抜ける
weather	(　　　　　　) the economic crisis
/wéðər/	

□ 587　動	e
〜を悪化させる	問題を悪化させる
exacerbate	(　　　　　　) the problem
/igzǽsərbèit/	

□ 588　動	u
〜を揺るがす	彼の信頼性を揺るがす
undermine	(　　　　　) his credibility
/ʌ̀ndərmáin/	

□ 589　形	a
よそよそしい	よそよそしい態度
aloof	an (　　　　) attitude
/əlúːf/	

□ 590　名	c
率直さ	率直に言う
candor	say with (　　　　　)
/kǽndər/	

□ 591　名	b
簡潔さ	簡潔に
brevity	for (　　　　)
/brévəti/	

□ 592　動	s
〜を妨げる	言論の自由を妨げる
stifle	(　　　　) free speech
/stáifl/	

Day 37

① 広まる貧富の格差は両者間の緊張を悪化させている。

The growing divide between rich and poor has (　　　　　　　　　) the tensions between the two groups.

② 彼は率直な人だ。

He is a man of (　　　　　　).

③ 独占禁止法は自由競争を妨げる行いを禁じている。

Antitrust laws prohibit practices that (　　　　) free competition.

④ 彼はよそよそしく見えるが、実は親切だ。

He seems (　　　　) but is actually kind.

⑤ 高い犯罪率は警察への国民の信頼を揺るがしている。

High crime rates have (　　　　　　　　) public confidence in the police.

⑥ その会社は何とか景気後退を切り抜けた。

The firm has managed to (　　　　　　) the recession.

⑦ 簡潔さと明快さは優れた文章の重要なポイントだ。

(　　　　　　) and clarity are key points of good writing.

⑧ 遺伝的特性は親から子に受け継がれる。

Genetic (　　　　) are inherited from parents by offspring.

解答　① exacerbated (587)　② candor (590)　③ stifle (592)　④ aloof (589)　⑤ undermined (588)
　　　⑥ weather (586)　⑦ Brevity (591)　⑧ traits (585)

単語・熟語を読む ▶ 単語・熟語を書く ▶ フレーズの空所を埋める ▶ 単語・熟語・フレーズを聞く))) 149

□ 593 形
差し迫った
impending
/impéndiŋ/

i
差し迫った災害
( ) **disaster**

□ 594 形
新品同様の
pristine
/pristíːn/

p
新品同様の
in ( ) **condition**

□ 595 形
おいしい
palatable
/pǽlətəbl/

p
おいしい料理
( ) **meals**

□ 596 形
座りっ放しの
sedentary
/sédntèri/

s
座りっ放しの仕事
a ( ) **job**

□ 597 形
粗野な
uncouth
/ʌnkúːθ/

u
粗野な笑い声
( ) **laughter**

発音注意！

□ 598 形
極めて美しい
exquisite
/ikskwízit/

e
極めて美しい宝石
an ( ) **jewel**

□ 599 熟
発生する
crop up

c
次々に発生する
( ) ( ) **one after another**

□ 600 熟
落ち着く
simmer down

s
彼女が落ち着くまで待つ
wait until she ( )
( )

主語が she なので
3 単現の -s が
つきます。

Day 38

① 手術中に問題が発生した。

A problem ( )( ) **during surgery.**

② 座りっ放しの仕事の人は運動不足のため健康に問題を起こす危険がある。

People with ( ) **jobs are at risk of health problems due to lack of exercise.**

③ 彼にはタコがとてもおいしいことが分かった。

He found the octopus to be quite ( ).

④ 彼女は差し迫った危険に気づいていなかった。

She was unaware of the ( ) **danger.**

⑤ その部屋は極めて美しい生け花で飾られていた。

The room was decorated with ( ) **flower arrangements.**

⑥ その中古車は内側も外側もほとんど新品同様だった。

The used car was in almost ( ) **condition inside and out.**

⑦ 彼女は彼のことを粗野で不快だと思った。

She found him ( ) **and obnoxious.**

⑧ 2人とも落ち着きなさい！

( )( ), **you two!**

解答 | ① cropped up (599) ② sedentary (596) ③ palatable (595) ④ impending (593)
⑤ exquisite (598) ⑥ pristine (594) ⑦ uncouth (597) ⑧ Simmer down (600)

単語・熟語を読む ▶ 単語・熟語を書く ▶ フレーズの空所を埋める ▶ 単語・熟語・フレーズを聞く 》151

□601 熟 ～にかかっている **hinge on**	h すべては～にかかっている **Everything** (　　　) (　　) **～.**	 主語が everything なので 3 単現の -s がつきます。
□602 熟 ～に夢中になっている **be engrossed in**	be e その本に夢中になっている **be** (　　　) (　　) **the book**	
□603 名 依存 **reliance** /riláiəns/	r 親への依存 (　　　) **on parents**	
□604 名 外見 **facade** /fəsá:d/	f 無関心のふり **a** (　　　) **of indifference**	 発音注意！ 「見せかけ」といった意味合いです。
□605 名 物腰 **demeanor** /dimí:nər/	d 彼女の落ち着いた物腰 **her calm** (　　　)	
□606 名 能力 **caliber** /kǽləbər/	c 高い能力を持った人 **a person of high** (　　　)	
□607 名 窮状 **plight** /pláit/	p 難民たちの窮状 **the** (　　　) **of the refugees**	
□608 名 緊急事態 **contingency** /kəntíndʒənsi/	c 緊急事態に対処する **deal with** (　　　)	 アクセント注意！ 複数形が入ります。

① 彼は温厚な物腰だ。

He has a gentle (　　　　　　　).

---

② 私たちは化石燃料への依存を減らす必要がある。

We need to reduce our (　　　　　　　) on fossil fuels.

---

③ 政府は貧困層の窮状に目を向けるべきだ。

The government should pay attention to the (　　　　) of the poor.

---

④ 彼女は高い能力を持った研究者だ。

She is a researcher of high (　　　　).

---

⑤ 私たちは起こり得るすべての緊急事態に備えなければならない。

We must prepare for all possible (　　　　　　　　).

---

⑥ そのプロジェクトの成功は地域社会からの支援にかかっている。

The success of the project (　　　　　)(　　) support from the community.

---

⑦ 彼女は会話に夢中になっているようだった。

She seemed (　　　　　　　)(　　) conversation.

---

⑧ 親切な外見の裏側では、彼は利己的だ。

Behind his benevolent (　　　　　), he is self-centered.

解答　① demeanor (605)　② reliance (603)　③ plight (607)　④ caliber (606)　⑤ contingencies (608)
⑥ hinges on (601)　⑦ engrossed in (602)　⑧ facade (604)

Day 39 　状況・性質3

CHAPTER	CHAPTER	CHAPTER	CHAPTER	CHAPTER	CHAPTER	CHAPTER
1	2	3	4	5	**6**	7

単語・熟語を読む ▶ 単語・熟語を書く ▶ フレーズの空所を埋める ▶ 単語・熟語・フレーズを聞く))) 153

□ 609 🔊
いつまでも残る
linger
/líŋgər/

l_____

いつまでも部屋に残る
(　　　　　　　) in the room

□ 610 🔊
～を妨げる
hamper
/hǽmpər/

h_____

～の発達を妨げる
(　　　　　　　) the development of ～

□ 611 🔊
～を悪化させる
aggravate
/ǽgrəvèit/

a_____

地球温暖化を悪化させる
(　　　　　　　) global warming

□ 612 🔊
悪化する
deteriorate
/ditíəriərèit/

d_____

急速に悪化する
(　　　　　　　) rapidly

□ 613 🔊
～を改良する
upgrade
/ʌ̀pgréid/

u_____

鉄道網を改良する
(　　　　　　　) the rail system

アクセント注意！

□ 614 形
絶対に必要な
imperative
/impérətiv/

i_____

～ということが絶対に必要だ
It is (　　　　　　　) that ～.

□ 615 形
やせ衰えた
emaciated
/iméiʃièitid/

e_____

彼のやせ衰えた体
his (　　　　　　　) body

□ 616 形
慌ただしい
frenetic
/frənétik/

f_____

慌ただしい活動
(　　　　　　　) activity

Day 39

① 生存者の捜索は視界不良に妨げられた。

The search for survivors was (　　　　　　　　　) by poor visibility.

② 彼女は都会での慌ただしい生活のペースにうんざりしている。

She is tired of the (　　　　　　　) pace of life in the city.

③ すぐに対策を取ることが絶対に必要だ。

It is (　　　　　　　　) that steps be taken immediately.

④ その火事のにおいは空気中にいつまでも残っていた。

The smell of the fire (　　　　　　　) in the air.

⑤ 彼女はトレーニング中にひざのけがを悪化させた。

She (　　　　　　　) her knee injury while training.

⑥ その都市は廃水処理施設を改良する必要がある。

The city needs to (　　　　　　　) its wastewater treatment facility.

⑦ 世界の経済見通しは悪化している。

The global economic outlook is (　　　　　　　　　　).

⑧ その少年はとてもやせ衰えていて、立っているのがやっとだった。

The boy was so (　　　　　　　) he could barely stand.

解答 | ① hampered (610)　② frenetic (616)　③ imperative (614)　④ lingered (609)
⑤ aggravated (611)　⑥ upgrade (613)　⑦ deteriorating (612)　⑧ emaciated (615)

単語・熟語を読む ▶ 単語・熟語を書く ▶ フレーズの空所を埋める ▶ 単語・熟語・フレーズを聞く　◈ 155

□ 617 形
散発的な
sporadic
/spərǽdik/

s
散発的な戦闘
(　　　　　) fighting

□ 618 熟
〜に受け継がれる
rub off on

r
子どもたちに受け継がれる
(　　)(　　)(　　) one's kids

□ 619 熟
〜に支障を来す
interfere with

i
彼の仕事を妨害する
(　　　　)(　　　) his work

この意味も押さえておきましょう。

□ 620 名
大混乱
pandemonium
/pæ̀ndəmóuniəm/

p
大混乱が生じる
(　　　　　) breaks out

□ 621 名
魅力
allure
/əlúər/

a
ニューヨークの魅力
the (　　　　) of New York

□ 622 名
苦境
predicament
/pridíkəmənt/

p
苦境に置かれて
in a (　　　　　)

□ 623 動
〜を妨害する
thwart
/θwɔ́:rt/

t
彼の計画を妨害する
(　　　　) his plans

□ 624 動
〜を苦しめる
torment
/tɔ:rmént/

t
嫉妬に苦しむ
be (　　　　) by jealousy

アクセント注意！受け身なので過去分詞形が入ります。

Day 39

① 彼は罪悪感に苦しんだ。

He was ( ) by feelings of guilt.

② その都市は観光地としての魅力を失いつつある。

The city is losing its ( ) as a tourist destination.

③ 彼のユーモアのセンスは彼の息子に受け継がれている。

His sense of humor has ( ) ( ) ( ) his son.

④ 市内では散発的な銃撃が続いている。

( ) gunfire continues in the city.

⑤ 新しい証拠が開示された時、法廷では大混乱が生じた。

( ) broke out in the courtroom when new evidence was presented.

⑥ 彼女は仕事が自分の私生活に支障を来さないようにしている。

She tries not to let work ( ) ( ) her personal life.

⑦ 多くの中小企業は苦境に置かれている。

Many small businesses are in a ( ).

⑧ 彼らの山頂への最初の挑戦は悪天候に妨害された。

Their first attempt on the summit was ( ) by bad weather.

解答 | ① tormented (624) ② allure (621) ③ rubbed off on (618) ④ Sporadic (617)
⑤ Pandemonium (620) ⑥ interfere with (619) ⑦ predicament (622) ⑧ thwarted (623)

単語・熟語を読む ▶ 単語・熟語を書く ▶ フレーズの空所を埋める ▶ 単語・熟語・フレーズを聞く � 157

□ 625 動
回復する
recuperate
/rikúːpərèit/

r
病気から回復する
(　　　　　　　　) from illness

□ 626 動
〜をぼうぜんとさせる
petrify
/pétrəfài/

p
恐怖でぼうぜんとなる
be (　　　　　　　　) with fear

受け身なので
過去分詞形が
入ります。

□ 627 動
〜を安定させる
stabilize
/stéibəlàiz/

s
その患者の状態を安定させる
(　　　　　　) the patient's condition

□ 628 形
ショッキングな
lurid
/lúərid/

l
恐ろしい犯罪
(　　　) crimes

この意味も
押さえて
おきましょう。

□ 629 形
退屈な
drab
/dráeb/

d
退屈な日課
a (　　　) routine

□ 630 形
熱心な
avid
/ǽvid/

a
熱心なゴルファー
an (　　　) golfer

□ 631 形
危険な
treacherous
/trétʃərəs/

t
危険な山道
(　　　　　　) mountain paths

□ 632 形
本質的な
intrinsic
/intrínzik/

i
本質的価値
(　　　　　) value

Day 40

① 政府は金融市場をすぐに安定させる必要がある。

The government needs to (　　　　　　　) the financial market right away.

② 彼女は退屈な生活にうんざりしてきている。

She is getting tired of her (　　　　) life.

③ タブロイド紙はショッキングな見出しにあふれている。

Tabloids are full of (　　　　) headlines.

④ 私はそのニュースを聞いてぼうぜんとなった。

I was (　　　　　　) when I heard the news.

⑤ 週末の大雪で道路は危険な状態になっている。

Heavy snow over the weekend has made roads (　　　　　　　　).

⑥ 彼は SF 小説の熱心な読者だ。

He is an (　　　　) reader of science fiction.

⑦ 間違いはすべての人間の活動にとって本質的なものだ。

Error is (　　　　　　) to all human activity.

⑧ 彼女の夫は手術から回復しつつある。

Her husband is (　　　　　　　　) from his surgery.

解答　① stabilize (627)　② drab (629)　③ lurid (628)　④ petrified (626)　⑤ treacherous (631)
⑥ avid (630)　⑦ intrinsic (632)　⑧ recuperating (625)

単語・熟語を読む ▶ 単語・熟語を書く ▶ フレーズの空所を埋める ▶ 単語・熟語・フレーズを聞く))) 159

□ 633 熟
〜を阻止する
head off

h
地球温暖化を阻止する
(   ) (   ) **global warming**

□ 634 熟
〜に屈する
succumb to

s
国際的圧力に屈する
(   ) (   ) **international pressure**

□ 635 熟
〜を示している
be indicative of

be i
うつ病を示す症状
symptoms (   ) (   ) **depression**

□ 636 熟
〜に気づいていない
be oblivious to

be o
彼がいることに気づいていない
be (   ) (   ) **his presence**

□ 637 熟
〜の矢面に立つ
bear the brunt of

b
攻撃の矢面に立つ
(   ) (   ) (   ) (   ) **the attack**

□ 638 名
近いこと
proximity
/prɑksíməti/

p
〜の近くに
in the (   ) **of 〜**

□ 639 名
中断
respite
/réspit/

r
暑い天気の中休み
a (   ) **from the hot weather**

発音注意！
この意味も押さえて
おきましょう。

□ 640 名
困惑
quandary
/kwándəri/

q
困惑して
in a (   )

Day 40

① その工場用地は高速道路に近いことで選ばれた。

The factory site was chosen for its (　　　　　　　) **to an expressway.**

② 失業率の上昇は経済状況の悪化を示している。

Rising unemployment is (　　　　　　　) (　　　) **declining economic conditions.**

③ その航空会社は客室乗務員によるストライキを阻止した。

The airline has (　　　　　　) (　　　) **a strike by flight attendants.**

④ 彼女はどのように事態に対処すべきか本当に困惑していた。

She was in a real (　　　　　　) **about how to deal with the situation.**

⑤ 休戦によって戦闘が一時的に中断した。

The truce brought a temporary (　　　　　) **from the hostilities.**

⑥ 首相は国民の批判の矢面に立った。

The prime minister (　　　) (　　) (　　　　) (　　) **public criticism.**

⑦ 彼は最後には金の魅力に屈してしまった。

He finally (　　　　　　　) (　　) **the lure of money.**

⑧ 彼は周囲の状況に気づいていないようだった。

He seemed (　　　　　　) (　　) **his surroundings.**

解答 | ① proximity (638)　② indicative of (635)　③ headed off (633)　④ quandary (640)
　　　 ⑤ respite (639)　⑥ bore the brunt of (637)　⑦ succumbed to (634)　⑧ oblivious to (636)

Day 41 状況・性質5

単語・熟語を読む ▸ 単語・熟語を書く ▸ フレーズの空所を埋める ▸ 単語・熟語・フレーズを聞く 》161

□ 641 名
厚かましさ
audacity
/ɔːdǽsəti/

a

厚かましくも〜する
have the ( ) to do 〜

□ 642 動
〜を困惑させる
confound
/kənfáund/

c

その調査結果に困惑する
be ( ) by the results of the survey

受け身なので過去分詞形が入ります。

□ 643 動
〜を困らせる
stump
/stʌ́mp/

s

言葉に困る
be ( ) for words

受け身なので過去分詞形が入ります。

□ 644 動
消える
dissipate
/dísəpèit/

d

大気中に消える
( ) into the atmosphere

□ 645 動
〜を活気づかせる
galvanize
/gǽlvənàiz/

g

国を活気づかせる
( ) the country

□ 646 動
〜を防ぐ
avert
/əvə́ːrt/

a

災害を防ぐ
( ) a disaster

□ 647 動
〜を是正する
rectify
/réktəfài/

r

誤りを正す
( ) an error

□ 648 動
〜を食い止める
stem
/stém/

s

〜の流れを食い止める
( ) the tide of 〜

センテンスの空所を埋める ▸ センテンスを聞く 》162

① 彼は面接での質問に完全に困ってしまった。

He was completely (　　　　　　　) by the interview questions.

② その原子力発電所での事故は原子力に対する世論の反対を活気づかせた。

The accident at the nuclear plant (　　　　　　　) popular opposition to nuclear power.

③ 政府は不法移民の流入を食い止めなければならない。

The government must (　　　　) the flow of illegal immigrants.

④ すぐに状況を是正する必要がある。

There is a need to (　　　　) the situation immediately.

⑤ ケネディとフルシチョフが合意に達して、核戦争はすんでのところで防がれた。

Nuclear war was narrowly (　　　　　　) when Kennedy and Khrushchev reached an agreement.

⑥ 株価の急落はエコノミストたちを困惑させた。

The sudden drop in stock prices (　　　　　　　) economists.

⑦ 雨雲は昼までには消えてしまった。

The rain clouds had (　　　　　　) by noon.

⑧ 彼は厚かましくも私は間違っていると言った。

He had the (　　　　　　) to say that I was wrong.

解答 | ① stumped (643) ② galvanized (645) ③ stem (648) ④ rectify (647) ⑤ averted (646)
⑥ confounded (642) ⑦ dissipated (644) ⑧ audacity (641)

□ 649 動
〜をあいまいにする
blur
/blə́:r/

b
〜の間の違いをあいまいにする
( ) **the difference between 〜**

□ 650 形
生まれつきの
innate
/inéit/

i
〜への生まれつきの好奇心
an ( ) **curiosity about 〜**

□ 651 形
平凡な
mundane
/mʌndéin/

m
平凡な問題
( ) **matters**

□ 652 形
困難な
arduous
/ά:rdʒuəs/

a
困難な旅
an ( ) **journey**

□ 653 形
不気味な
eerie
/íəri/

e
不気味な音
an ( ) **sound**

□ 654 形
活気のない
lackluster
/lǽklʌ̀stər/

l
精彩のない演技
a ( ) **performance**

この意味も
押さえて
おきましょう。

□ 655 形
生ぬるい
tepid
/tépid/

t
ぬるま湯
( ) **water**

□ 656 形
気だるい
lethargic
/ləθά:rdʒik/

l
気だるい感じがする
feel ( )

センテンスの空所を埋める ▶ センテンスを聞く　　　　　　　　　　　　　　》164

① 私は生ぬるいコーヒーは嫌いだ。

I hate (　　　　　) coffee.

② その部屋には不気味な静けさが漂っていた。

There was an (　　　　　) silence in the room.

③ その小説は現実と幻想の境界をあいまいにしている。

The novel (　　　　　) the boundary between reality and fantasy.

④ その困難な仕事を完了するには 1 年以上かかるだろう。

It will take more than a year to complete the (　　　　　) task.

⑤ 今日は疲れていて、気だるい感じがする。

I feel tired and (　　　　　) today.

⑥ 彼女は平凡な生活に飽き飽きしている。

She is fed up with her (　　　　　) life.

⑦ 彼女には音楽に対する生まれつきの才能がある。

She has an (　　　　　) talent for music.

⑧ 国内経済は活気のないままだ。

The domestic economy remains (　　　　　).

解答　① tepid (655)　② eerie (653)　③ blurs (649)　④ arduous (652)　⑤ lethargic (656)
　　　⑥ mundane (651)　⑦ innate (650)　⑧ lackluster (654)

Day 42　状況・性質6

単語・熟語を読む ▶ 単語・熟語を書く ▶ フレーズの空所を埋める ▶ 単語・熟語・フレーズを聞く　 �》165

□ 657　副
おとなしく
meekly
/míːkli/

m

おとなしくその命令に従う
(　　　　　　　　) **obey the order**

□ 658　熟
～に押し寄せる
encroach on

e

（開発などが）農地に押し寄せる
(　　　　　　　　) (　　　) **agricultural land**

□ 659　熟
～に魅了される
be mesmerized by

be m

彼女の演奏に魅了される
be (　　　　　　　　　　) (　　　) **her performance**

□ 660　名
勢い
momentum
/mouméntəm/

m

勢いを増す
gain (　　　　　　　　)

□ 661　名
騒動
commotion
/kəmóuʃən/

c

騒動を引き起こす
cause a (　　　　　　　　)

□ 662　名
荒廃
devastation
/dèvəstéiʃən/

d

広範囲に及ぶ荒廃をもたらす
cause widespread (　　　　　　)

□ 663　動
～を当惑させる
baffle
/bǽfl/

b

彼女の発言に当惑する
be (　　　　　) **by her remarks**

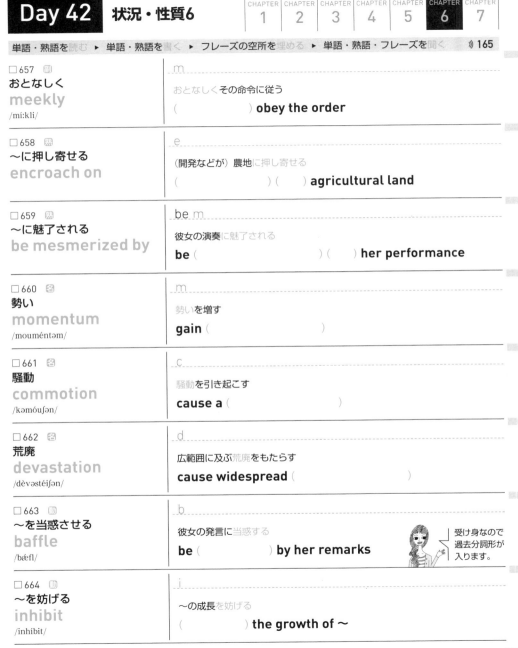

受け身なので
過去分詞形が
入ります。

□ 664　動
～を妨げる
inhibit
/inhíbit/

i

～の成長を妨げる
(　　　　　　) **the growth of ～**

センテンスの空所を埋める ▶ センテンスを聞く　　　　　　　　　　　　　》166

① 酸素不足はバクテリアの成長を妨げる。

A lack of oxygen (　　　　　　　　) bacteria growth.

② 彼は騒動を耳にし、何が起きているかを確かめるために通りへ出た。

He heard a (　　　　　　　　) and went out into the street to see what was going on.

③ 彼女はおとなしく言われた通りにした。

She (　　　　　　) did as she was told.

④ 都市開発が農村地域に押し寄せてきている。

Urban development is (　　　　　　　　)(　　) rural areas.

⑤ ドイツと日本は第2次世界大戦の荒廃から復興した。

Germany and Japan recovered from the (　　　　　　　　) of World War II.

⑥ 1960年代に公民権運動は勢いを増し始めた。

During the 1960s, the civil rights movement began to gain (　　　　　　　　).

⑦ 私たちはその風景の美しさに魅了された。

We were (　　　　　　　　)(　　) the beauty of the landscape.

⑧ 彼の失礼な行動に誰もが当惑した。

Everyone was (　　　　　　) by his rude behavior.

解答　① inhibits (664)　② commotion (661)　③ meekly (657)　④ encroaching on (658)
⑤ devastation (662)　⑥ momentum (660)　⑦ mesmerized by (659)　⑧ baffled (663)

Day 42　状況・性質6

CHAPTER 1 | CHAPTER 2 | CHAPTER 3 | CHAPTER 4 | CHAPTER 5 | **CHAPTER 6** | CHAPTER 7

単語・熟語を読む ▶ 単語・熟語を書く ▶ フレーズの空所を埋める ▶ 単語・熟語・フレーズを聞く　))) 167

□ 665 動
～をぞっとさせる
appall
/əpɔ́ːl/

a ___
～ということに私はぞっとした
It ( ) me that ～.
過去形が入ります。

□ 666 形
明確な
explicit
/iksplísit/

e ___
明確な指示
( ) instructions

□ 667 形
活気に満ちた
vibrant
/váibrənt/

v ___
活気に満ちた社会
a ( ) society

□ 668 形
無傷の
unscathed
/ʌnskéiðd/

u ___
無傷で切り抜ける
escape ( )
発音注意！

□ 669 形
質素な
austere
/ɔːstíər/

a ___
簡素な美しさ
( ) beauty
この意味も押さえておきましょう。

□ 670 形
汚れ一つない
immaculate
/imǽkjulət/

i ___
染み一つないシャツ
an ( ) shirt
この意味も押さえておきましょう。

□ 671 副
素っ気なく
curtly
/kə́ːrtli/

c ___
素っ気なくうなずく
nod ( )

□ 672 副
同時に
simultaneously
/sàiməltéiniəsli/

s ___
同時に話す
speak ( )

187

センテンスの空所を埋める ▶ センテンスを聞く　　　　　　　　　　　　　　　　》168

① 彼は修道士として質素な生活を送った。

He lived an (　　　　　　　) life as a monk.

② 上海は活気に満ちた刺激的な都市だ。

Shanghai is a (　　　　　　) and exciting city.

③ 彼は素っ気なく私の申し出を断った。

He rejected my offer (　　　　).

④ 彼はその装置の使い方について私に明確な説明をした。

He gave me (　　　　　　) directions on how to use the device.

⑤ 驚くことに、その運転手は無傷で事故を切り抜けた。

Amazingly, the driver escaped from the accident (　　　　　　　).

⑥ 9月11日のテロ攻撃は世界中の人々をぞっとさせた。

The September 11 terrorist attacks (　　　　　　) people around the world.

⑦ その部屋は汚れ一つなく快適だった。

The room was (　　　　　　　) and comfortable.

⑧ そのコンサートはテレビで同時放送された。

The concert was broadcast (　　　　　　　　) on TV.

解答　① austere (669)　② vibrant (667)　③ curtly (671)　④ explicit (666)　⑤ unscathed (668)
　　　⑥ appalled (665)　⑦ immaculate (670)　⑧ simultaneously (672)

単語・熟語を読む ▶ 単語・熟語を書く ▶ フレーズの空所を埋める ▶ 単語・熟語・フレーズを聞く � 169

□ 673 副
華やかに
flamboyantly
/flæmbóiəntli/

f
華やかに装飾された部屋
a ( ) decorated room

□ 674 熟
うまくいく
pan out

p
結局はうまくいく
( ) ( ) eventually

□ 675 名
特徴
hallmark
/hɔ́ːlmɑːrk/

h
～のあらゆる特徴を持っている
bear all the ( ) of ～

複数形が入ります。

□ 676 名
誠実さ
integrity
/intégrəti/

i
極めて誠実な人
a person of great ( )

□ 677 名
除去
elimination
/ilìmənéiʃən/

e
痛みの除去
the ( ) of pain

□ 678 名
肥沃さ
fertility
/fərtíləti/

f
土地の肥沃さ
the ( ) of the land

□ 679 形
隣接した
adjacent
/ədʒéisnt/

a
隣接地
( ) land

発音注意！

□ 680 形
差し迫った
imminent
/ímənənt/

i
差し迫った災害
( ) disaster

Day 43

① 私は彼の誠実さを疑ったことは一度もない。
I have never questioned his (　　　　　).

② 残念ながら、その計画はうまくいかなかった。
Unfortunately the plan didn't (　　) (　　).

③ 一貫性は優れた文章の特徴だ。
Consistency is the (　　　　　) of good writing.

④ 土壌の肥沃さが農業生産量を左右する。
The (　　　　　) of the soil determines the amount of agricultural production.

⑤ 彼女はロングドレスで華やかに着飾っていた。
She was (　　　　　) dressed in a long dress.

⑥ 私たちの究極の目標は地球からの核兵器の除去だ。
Our ultimate goal is the (　　　　　) of nuclear weapons from the Earth.

⑦ 屋外プールがそのホテルに隣接している。
An outdoor pool is (　　　　　) to the hotel.

⑧ その会社には倒産の危機が差し迫っている。
The firm is in (　　　　　) danger of bankruptcy.

解答　① integrity (676)　② pan out (674)　③ hallmark (675)　④ fertility (678)　⑤ flamboyantly (673)
⑥ elimination (677)　⑦ adjacent (679)　⑧ imminent (680)

Day 43 　状況・性質7

□ 681 形
人目を引く
conspicuous
/kənspíkjuəs/

c_____

人目を引く
make oneself (　　　　　　)

□ 682 形
不快な
obnoxious
/əbnάkʃəs/

o_____

彼の不快な振る舞い
his (　　　　　　) **behavior**

□ 683 形
おとなしい
docile
/dάsəl/

d_____

おとなしい生徒
a (　　　　　) **student**

発音注意！

□ 684 動
〜を伴う
entail
/intéil/

e_____

多少のリスクを伴う投資
an investment that (　　　　　)
some risk

先行詞が単数形
なので3単現の
-s がつきます。

□ 685 動
〜を台無しにする
mar
/mά:r/

m_____

彼女のキャリアを台無しにする
(　　　　) **her career**

□ 686 動
〜を改装する
refurbish
/ri:fə́:rbiʃ/

r_____

古いビルを改装する
(　　　　　　) **an old building**

□ 687 動
〜を刺激する
pique
/pí:k/

p_____

彼女の興味を刺激する
(　　　　　) **her interest**

発音注意！

□ 688 動
向きを変える
veer
/víər/

v_____

向きを変えて道路を横切る
(　　　　　) **across the road**

Day 43

① その通達書は人目を引く場所に貼られていた。

The notice was posted in a (　　　　　　　　) place.

② その車は突然、左へ向きを変えた。

The car suddenly (　　　　　) to the left.

③ 彼の話は私の興味を刺激した。

His story (　　　　　) my interest.

④ その部屋には不快なにおいが漂っていた。

There was an (　　　　　　　) smell in the room.

⑤ 家族を持つことは責任を伴う。

Having a family (　　　　　) responsibility.

⑥ 私たちの旅行は悪天候で台無しになった。

Our trip was (　　　　　　) by bad weather.

⑦ 私の飼い犬はとてもおとなしい。

My dog is very (　　　　).

⑧ そのホテルは昨年、改装された。

The hotel was (　　　　　　　) last year.

解答

① conspicuous (681)　② veered (688)　③ piqued (687)　④ obnoxious (682)　⑤ entails (684)
⑥ marred (685)　⑦ docile (683)　⑧ refurbished (686)

Day 44　状況・性質8

単語・熟語を読む ▶ 単語・熟語を書く ▶ フレーズの空所を埋める ▶ 単語・熟語・フレーズを聞く　　◍) 173

□ 689　動
〜を元気づける
invigorate
/invígərèit/

i_____
患者を元気づける
(　　　　　　　) the patient

□ 690　動
〜を癒やす
quench
/kwéntʃ/

q_____
のどの渇きを癒やす
(　　　　　　　) one's thirst

□ 691　動
〜を改装する
renovate
/rénəvèit/

r_____
古いビルを改装する
(　　　　　　　) an old building

□ 692　熟
生まれる
spring up

s_____
次々と生まれる
(　　　　) (　　　　) one after another

□ 693　熟
〜に満ちている
be fraught with

be f_____
危険に満ちている
be (　　　　　　　) (　　　　) danger

□ 694　熟
〜が群がっている
be infested with

be i_____
害虫が群がっている
be (　　　　　　　) (　　　　) pests

□ 695　名
魅力
lure
/lúər/

l_____
冒険の魅力
the (　　　　　) of adventure

□ 696　名
味覚
palate
/pǽlət/

p_____
味覚をくすぐる
tickle the (　　　　　　　)

Day 44

① どのような投資もリスクに満ちている。

Any investment is (　　　　　　) (　　　　) risks.

② 私はわき水でのどの渇きを癒やした。

I (　　　　　　　　　　) my thirst with spring water.

③ そのレストランは改装中だ。

The restaurant is being (　　　　　　　　).

④ 誰の味覚にも合う料理を選ぶのは難しい。

It is difficult to choose dishes that suit everyone's (　　　　　　).

⑤ 金の魅力に逆らえる人はほとんどいない。

Few can resist the (　　　　) of money.

⑥ 彼の言葉は彼女を元気づけた。

His words (　　　　　　　　　) her.

⑦ その庭にはアリが群がっていた。

The garden was (　　　　　　　) (　　　　) ants.

⑧ 近年、多くの IT ベンチャー企業が生まれている。

Many IT venture companies have (　　　　　　　) (　　　) in recent years.

解答

① fraught with (693)　② quenched (690)　③ renovated (691)　④ palate (696)　⑤ lure (695)
⑥ invigorated (689)　⑦ infested with (694)　⑧ sprung up (692)

単語・熟語を読む ▶ 単語・熟語を書く ▶ フレーズの空所を埋める ▶ 単語・熟語・フレーズを聞く　　》175

□ 697 　名
ばからしさ
absurdity
/æbsə́ːrdəti/

a
ばからしくなるほど
to the point of (　　　　　)

□ 698 　名
悪化
deterioration
/ditìəriəréiʃən/

d
彼の健康状態の急激な悪化
a sudden (　　　　　　　　) **in his health**

□ 699 　名
欠陥
flaw
/flɔ́ː/

f
致命的な欠陥
a fatal (　　　　)

□ 700 　動
〜を中断させる
disrupt
/disrʌ́pt/

d
〜の流れを中断させる
(　　　　　) **the flow of 〜**

□ 701 　動
迫る
loom
/lúːm/

l
不気味に迫る
(　　　　) **large**

□ 702 　動
縮み上がる
cringe
/kríndʒ/

c
恐怖で縮み上がる
(　　　　) **in terror**

□ 703 　動
〜をびしょぬれにする
drench
/dréntʃ/

d
雨でびしょぬれになる
be (　　　　) **in rain**

> 受け身なので過去分詞形が入ります。

□ 704 　動
〜を容易にする
facilitate
/fəsílətèit/

f
〜の理解を容易にする
(　　　　　) **the understanding of 〜**

Day 44

① 両国の関係の深刻な悪化が戦争へとつながった。

A serious (　　　　　　　　　) in relations between the two countries led to war.

② 深刻な金融危機が迫っている。

A serious financial crisis is (　　　　　).

③ インターネットは異なる場所にいる人々の間のコミュニケーションを容易にした。

The Internet has (　　　　　　　) communication among people at different locations.

④ その製品にはいくつか設計上の欠陥がある。

The product has some design (　　　　).

⑤ そのイベントは大雨で中断した。

The event was (　　　　　　) by heavy rain.

⑥ 大雨で私たちは数分でびしょぬれになった。

Heavy rain (　　　　　　) us in a few minutes.

⑦ 私はその状況のばからしさを笑わずにいられなかった。

I was forced to laugh at the (　　　　　　) of the situation.

⑧ 彼女は血を見て縮み上がった。

She (　　　　) at the sight of blood.

解答 | ① deterioration (698) ② looming (701) ③ facilitated (704) ④ flaws (699) ⑤ disrupted (700)
⑥ drenched (703) ⑦ absurdity (697) ⑧ cringed (702)

単語・熟語を読む ▶ 単語・熟語を聞く ▶ フレーズの空所を埋める ▶ 単語・熟語・フレーズを聞く 　》177

□ 705 動
〜を動けなくする
incapacitate
/inkǽpəsətèit/

i
病気で動けないでいる
be (　　　　　　　) by illness

> 受け身なので過去分詞形が入ります。

□ 706 動
続いて起こる
ensue
/insú:/

e
〜の後に続いて起こる
(　　　　　　) after 〜

□ 707 動
〜を妨げる
impede
/impí:d/

i
〜の進展を妨げる
(　　　　　　) the progress of 〜

□ 708 形
物悲しい
dreary
/dríəri/

d
物悲しい風景
a (　　　　　) landscape

□ 709 形
豪華な
opulent
/ápjulənt/

o
豪華なホテル
an (　　　　　) hotel

□ 710 形
素朴な
rustic
/rʌ́stik/

r
素朴な魅力
(　　　　　) charm

□ 711 形
興味をそそる
intriguing
/intrí:ɡiŋ/

i
興味をそそる話
an (　　　　　) story

□ 712 形
勇敢な
gallant
/ɡǽlənt/

g
勇敢な兵士たち
(　　　　　) soldiers

Day 45

① 彼はとても興味をそそる個性を持っている。

He has a really (　　　　　　　) personality.

② 私がその町に着いたのは、物悲しい雨の日だった。

It was a (　　　　　　), rainy day when I arrived in the town.

③ 不意に彼が現れ、続いて言い争いが起こった。

He showed up unexpectedly and an argument (　　　　　).

④ その自動車事故で彼は数カ月間動けなかった。

The car accident left him (　　　　　　　　) for a few months.

⑤ 彼は豪華な大邸宅に住んでいる。

He lives in an (　　　　　) mansion.

⑥ その消防士は勇敢な行動に対して表彰を受けた。

The firefighter was cited for his (　　　　) deeds.

⑦ 私たちは暖炉がある素朴な小屋に泊まった。

We stayed in a (　　　　) cabin with a fireplace.

⑧ 行方不明者の捜索は悪天候のため妨げられた。

The search for the missing people was (　　　　　) by bad weather.

解答 ① intriguing (711)　② dreary (708)　③ ensued (706)　④ incapacitated (705)　⑤ opulent (709)
⑥ gallant (712)　⑦ rustic (710)　⑧ impeded (707)

単語・熟語を読む ▶ 単語・熟語を書く ▶ フレーズの空所を埋める ▶ 単語・熟語・フレーズを聞く))) 179

□ 713 形
潜在的な
latent
/léitnt/

l
潜在的疾病
(　　　　　) disease

□ 714 形
鼻を刺すような
pungent
/pʌ́ndʒənt/

p
刺激のある味
(　　　　　) flavor

この意味も
押さえて
おきましょう。

□ 715 形
頑固な
obstinate
/ʌ́bstənət/

o
頑固な男
an (　　　　　) man

□ 716 形
幸先のよい
auspicious
/ɔːspíʃəs/

a
幸先のよいスタート
an (　　　　　) start

□ 717 形
元気いっぱいの
exuberant
/igzúːbərənt/

e
生き生きとした演技
an (　　　　　) performance

この意味も
押さえて
おきましょう。

□ 718 形
だまされやすい
gullible
/gʌ́ləbl/

g
だまされやすい高齢者
(　　　　　) elderly people

□ 719 形
吐き気を催す
squeamish
/skwíːmiʃ/

s
血を見ると吐き気を催す
be (　　　　　) about blood

□ 720 熟
収まってくる
peter out
/　　　　/

p
夜明け後間もなく収まってくる
(　　　) (　　　　　) shortly after dawn

センテンスの空所を埋める ▶ センテンスを聞く 　　　　　　　　　　　　　　　　　》 180

① 階下から鼻を刺すようなにおいが漂ってきた。

There was a (　　　　　　　　　) smell coming from downstairs.

② だまされやすい人たちは自分はだまされないだろうと思う傾向がある。

(　　　　　　　　　) people tend to think that they won't get fooled.

③ そのチームは初戦に勝って、幸先のよいスタートを切った。

The team made an (　　　　　　　　　) start by winning its first game.

④ 嵐は予想よりも早く収まってきた。

The storm has (　　　　　) (　　　　) sooner than expected.

⑤ 針を見ると吐き気を催す人もいる。

Some people are (　　　　　　　　　) about needles.

⑥ 彼女は時々頑固になることがある。

She can be (　　　　　　　　) sometimes.

⑦ 彼女は若くて元気いっぱいだ。

She is young and (　　　　　　　　　).

⑧ その少女は潜在的な音楽の才能を持っている。

The girl has a (　　　　　) talent for music.

解答　① pungent (714)　② Gullible (718)　③ auspicious (716)　④ petered out (720)
　　　⑤ squeamish (719)　⑥ obstinate (715)　⑦ exuberant (717)　⑧ latent (713)

MEMO

CHAPTER

7

程度・数量

Chapter 7では、英検1級
の語句補充問題で頻出の、
「程度・数量」関連の単語・
熟語80を押さえていきま
す。残りはたったの5日間！
ラストスパートをかけて完
走を目指しましょう！

単語・熟語を読む ▶ 単語・熟語を書く ▶ フレーズの空所を埋める ▶ 単語・熟語・フレーズを聞く　　》181

□ 721　動
減少する
diminish
/dimíniʃ/

d
徐々に減少する
(　　　　　) gradually

□ 722　動
～を高める
enhance
/inhǽns/

e
～の質を高める
(　　　　　) the quality of ～

□ 723　動
～を緩和する
alleviate
/əlíːvièit/

a
彼の負担を軽減する
(　　　　　) his burden

この意味も
押さえて
おきましょう。

□ 724　名
重大さ
gravity
/grǽvəti/

g
気候変動の重大さ
the (　　　　　) of climate change

□ 725　形
申し分のない
impeccable
/impékəbl/

i
申し分のない作法
(　　　　　) manners

□ 726　動
衰える
wane
/wéin/

w
影響力が衰える
(　　　　　) in influence

□ 727　熟
次第に弱まる
taper off

t
時とともに次第に弱まる
(　　　) (　　　) with time

□ 728　名
不足
dearth
/dɔ́ːrθ/

d
情報不足
a (　　　　　) of information

① 彼は事態の重大さに気づいていなかった。

He was unaware of the (　　　　　　　) of the situation.

② 首相の人気は衰えつつある。

The prime minister's popularity is (　　　　　　).

③ 私たちは自分たちの会社の評判を高める必要がある。

We need to (　　　　　　) the reputation of our company.

④ そのレストランのサービスと食事は申し分がなかった。

The service and the food at the restaurant were (　　　　　　).

⑤ 大統領の支持率がだんだんと減少している。

The president's approval rating is (　　　　　　) steadily.

⑥ この薬はあなたの痛みを緩和するだろう。

This medicine will (　　　　　　) your pain.

⑦ 農村部では医師が不足している。

There is a (　　　　　) of doctors in the rural areas.

⑧ しばらくすると、雨は次第に弱まり始めた。

After a while, the rain began to (　　　　) (　　).

解答 | ① gravity (724)　② waning (726)　③ enhance (722)　④ impeccable (725)　⑤ diminishing (721)
　　　⑥ alleviate (723)　⑦ dearth (728)　⑧ taper off (727)

単語・熟語を読む ▶ 単語・熟語を書く ▶ フレーズの空所を埋める ▶ 単語・熟語・フレーズを聞く))) 183

□ 729 動
暴落する
plummet
/plʌ́mit/

p
史上最安値に暴落する
(　　　　　　　) **to an all-time low**

□ 730 動
〜を増やす
augment
/ɔːgmént/

a
収入を増やす
(　　　　　　　) **one's income**

発音注意！

□ 731 動
〜を削減する
curtail
/kərtéil/

c
支出を削減する
(　　　　　　　) **spending**

□ 732 動
〜を補充する
replenish
/ripléniʃ/

r
労働力を補充する
(　　　　　　　) **the workforce**

□ 733 動
急上昇する
soar
/sɔ́ːr/

s
急騰する石油価格
(　　　　　　　) **oil prices**

進行形が入ります。この意味も押さえておきましょう。

□ 734 動
変動する
fluctuate
/flʌ́ktʃuèit/

f
日ごとに変動する
(　　　　　　　) **from day to day**

□ 735 形
わずかな
meager
/míːgər/

m
わずかな所得
(　　　　　　　) **earnings**

□ 736 熟
〜をためる
run up
/　/

r
つけをためる
(　　　) (　　　) **a bill**

センテンスの空所を埋める ▶ センテンスを聞く　　　　　　　　　　　》184

① 日本の株価は今日、5 パーセント近く暴落した。

Japanese share prices (　　　　　　　　) nearly 5 percent today.

② その自動車メーカーは需要不足のため生産を削減しなければならなかった。

The automaker had to (　　　　) production due to lack of demand.

③ 価格は供給と需要に従って変動する。

Prices (　　　　　　) according to supply and demand.

④ 図書館は知識を増やすのに理想的な場所だ。

A library is an ideal place to (　　　　　) your knowledge.

⑤ 彼女は 2 万ドルもの借金をためてしまった。

She has (　　) (　　) debts of $20,000.

⑥ 先月、失業率が 8.5 パーセントに急上昇した。

Unemployment (　　　　　) to 8.5 percent last month.

⑦ わずかな収入を補うため、彼は週末に働き始めた。

To supplement his (　　　　　) income, he began working weekends.

⑧ 私たちは在庫を補充する必要がある。

We need to (　　　　　) our stock.

解答　① plummeted (729)　② curtail (731)　③ fluctuate (734)　④ augment (730)　⑤ run up (736)
　　　⑥ soared (733)　⑦ meager (735)　⑧ replenish (732)

Day 47 程度・数量2

CHAPTER	CHAPTER	CHAPTER	CHAPTER	CHAPTER	CHAPTER	CHAPTER
1	2	3	4	5	6	**7**

単語・熟語を読む　▶　単語・熟語を書く　▶　フレーズの空所を埋める　▶　単語・熟語・フレーズを聞く　　》185

□ 737　熟
〜を渋々出す
shell out

s
そのチケット代に 80 ドルを渋々出す
(　　　　　)(　　　　　) **$80 for the ticket**

□ 738　名
時点
juncture
/dʒʌ́ŋktʃər/

j
現時点で
at this (　　　　　　　)

□ 739　名
始まり
onset
/ánsèt/

o
冬の到来
the (　　　　　) **of winter**

□ 740　名
急増
surge
/sə́ːrdʒ/

s
需要の急増
a (　　　　　) **in demand**

□ 741　名
群衆
throng
/θrɔ́ːŋ/

t
群衆をかき分けて進む
push one's way through the (　　　　　)

□ 742　動
弱まる
abate
/əbéit/

a
弱まる兆しがない
show no signs of (　　　　　)

動名詞形が
入ります。

□ 743　動
〜を補強する
reinforce
/rìːinfɔ́ːrs/

r
そのダムを補強する
(　　　　　) **the dam**

発音注意！

□ 744　動
〜を早める
expedite
/ékspədàit/

e
政治改革を早める
(　　　　　) **political reforms**

アクセント注意！

センテンスの空所を埋める ▶ センテンスを聞く　　　　　　　　　　　　　　》186

① そのイベントをじかに見ようと大群衆が集まった。

A huge (　　　　　　　) gathered to witness the event.

② 現時点では、そのことをあなたに伝えることはできない。

At this (　　　　　　　), I can't tell you about it.

③ 適度な運動は多くの病気の始まりを遅らせることができる。

Proper exercise can delay the (　　　　) of many diseases.

④ 嵐は夜明け前に弱まった。

The storm (　　　　) before dawn.

⑤ インターネットは情報へのアクセスを劇的に早めた。

The Internet has dramatically (　　　　　) access to information.

⑥ そのビルは地震に耐えるよう補強される必要がある。

The building needs to be (　　　　　　) to withstand earthquakes.

⑦ 彼は車の修理に 800 ドルを渋々出した。

He (　　　　) (　　　) $800 for car repairs.

⑧ 最近、新車の販売台数が急増している。

There has been a (　　　　) in new car sales recently.

解答　① throng (741)　② juncture (738)　③ onset (739)　④ abated (742)　⑤ expedited (744)
　　　⑥ reinforced (743)　⑦ shelled out (737)　⑧ surge (740)

単語・熟語を読む ▶ 単語・熟語を書く ▶ フレーズの空所を埋める ▶ 単語・熟語・フレーズを聞く))) 187

☐ 745 動
～を強化する
bolster
/bóulstər/

b
国内経済を強化する
(   ) the domestic economy

☐ 746 形
絶え間ない
incessant
/insésnt/

i
絶え間ない雨
(   ) rain

アクセント注意！

☐ 747 熟
A を B に浪費する
squander A on B

s
金をぜいたく品に浪費する
(   ) one's money (   ) luxuries

☐ 748 熟
～に相応している
be commensurate with

be c
努力に相応した報酬
a reward (   ) (   ) the effort

☐ 749 動
～の士気を低下させる
demoralize
/dimɔ́:rəlàiz/

d
兵士の士気を低下させる
(   ) soldiers

☐ 750 動
急増する
proliferate
/prəlífərèit/

p
この10年間で急増している
have (   ) over the past decade

過去分詞形が入ります。

☐ 751 動
次第に減少する
dwindle
/dwíndl/

d
時とともに次第に減少する
(   ) with time

☐ 752 動
～を含む
encompass
/inkʌ́mpəs/

e
幅広い～を含む
(   ) a wide range of ～

209

センテンスの空所を埋める ▶ センテンスを聞く　　　　　　　　　　》188

① そのイベントにはさまざまな活動が含まれている。

The event (　　　　　　　　　　　) **a variety of activities.**

② 給与は経験と技能に相応すべきだ。

Salary should be (　　　　　　　　) (　　　　) **experience and skills.**

③ その国は外的脅威に対する防衛を強化することを望んでいる。

The country wants to (　　　　　) **its defenses against external threats.**

④ 大量解雇は従業員の士気を低下させ、業績を低下させることがある。

Mass layoffs can (　　　　　　　　) **employees and decrease performance.**

⑤ 彼は貯金をギャンブルに浪費した。

He (　　　　　　　) **his savings** (　　) **gambling.**

⑥ 日本の人口は次第に減少している。

The Japanese population is (　　　　　　).

⑦ 米国では 1980 年代以降、タイ料理店が急増している。

Thai restaurants have (　　　　　　　　) **in the US since the 1980s.**

⑧ 誰もが彼女の絶え間ないおしゃべりにうんざりしてきている。

Everyone is getting tired of her (　　　　　　) **chatter.**

解答 ① encompasses (752) ② commensurate with (748) ③ bolster (745) ④ demoralize (749)
⑤ squandered, on (747) ⑥ dwindling (751) ⑦ proliferated (750) ⑧ incessant (746)

単語・熟語を読む ▶ 単語・熟語を書く ▶ フレーズの空所を埋める ▶ 単語・熟語・フレーズを聞く　　》189

□ 753 形
無一文の
destitute
/déstətjùːt/

d_____
~を無一文にしてしまう
leave ~ (　　　　　　　　)

□ 754 形
急成長する
burgeoning
/bə́ːrdʒəniŋ/

b_____
急成長する IT 産業
the (　　　　　　　　) IT industry

□ 755 熟
~を計算に入れる
factor in

f_____
人件費を計算に入れる
(　　　　) (　　) labor costs

□ 756 熟
~を渋々払う
fork out

f_____
新しい携帯電話に 350 ドルを渋々払う
(　　　　) (　　) $350 for a new cell phone

□ 757 熟
~を値上げする
mark up

m_____
商品を値上げする
(　　　　　) (　　) merchandise

□ 758 動
急上昇する
skyrocket
/skáiràkit/

s_____
急騰する株価
**(　　　　　　　　) stock
prices**

進行形が入ります。
この意味も押さえて
おきましょう。

□ 759 動
~を計算処理する
crunch
/krʌ́ntʃ/

c_____
データを計算処理する
(　　　　　) data

□ 760 形
重要な
salient
/séiliənt/

s_____
~の重要なポイント
the (　　　　　) points of ~

発音注意！

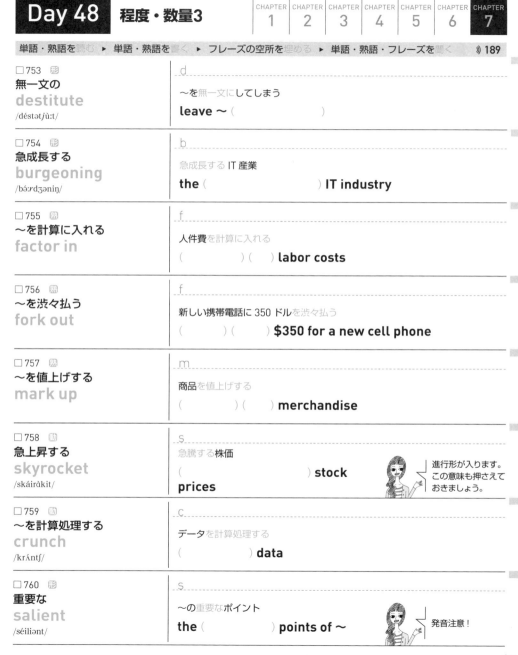

センテンスの空所を埋める ▶ センテンスを聞く   》190

① 輸入ワインは 10 パーセントほど値上げされた。

Imported wines were (**) (**   **) about 10 percent.**

② 中国は急成長している経済大国だ。

China is a (**) economic powerhouse.**

③ インフレを計算に入れると、不動産価値は下がっている。

Real estate values have declined when inflation is (**) (**   **).**

④ コンピューターは信じられない速さで数字を計算処理できる。

Computers can (**) numbers at incredible speeds.**

⑤ その地震で数千もの人々が無一文になった。

The earthquake left thousands of people (**).**

⑥ 近年、その都市では不動産価格が急上昇している。

Real estate prices have (**) in the city in recent years.**

⑦ 彼はタクシー代に 200 ドルを渋々払った。

He (**) (**   **) $200 for a taxi.**

⑧ 議長は議論の重要なポイントを手短に述べた。

The chairperson summarized the (**) points of the discussion.**

解答   ① marked up (757)   ② burgeoning (754)   ③ factored in (755)   ④ crunch (759)
      ⑤ destitute (753)   ⑥ skyrocketed (758)   ⑦ forked out (756)   ⑧ salient (760)

単語・熟語を読む ▶ 単語・熟語を書く ▶ フレーズの空所を埋める ▶ 単語・熟語・フレーズを聞く　》191

□ 761 形
よくも悪くもない
mediocre
/mì:dióukər/

m
平凡な演技
a (　　　　　　　) performance

この意味も
押さえて
おきましょう。

□ 762 動
～を遅らせる
retard
/ritá:rd/

r
～の進展を遅らせる
(　　　　　　　) the progress of ～

□ 763 形
大量の
copious
/kóupiəs/

c
大量の～
(　　　　　　　) amounts of ～

□ 764 形
最も重要な
paramount
/pǽrəmàunt/

p
最も重要な問題
a (　　　　　　　) issue

□ 765 動
～を鎮める
allay
/əléi/

a
恐怖心を鎮める
(　　　　　　　) fears

アクセント注意！

□ 766 副
修復できないほど
irreparably
/irépərəbli/

i
修復できないほど破壊される
be (　　　　　　　) destroyed

□ 767 副
耐えられないほど
excruciatingly
/ikskrú:ʃièitiŋli/

e
耐えられないほど痛い
(　　　　　　　) painful

□ 768 副
いつも
invariably
/invéəriəbli/

i
いつも午後 11 時に就寝する
(　　　　　　　) go to bed at 11 p.m.

センテンスの空所を埋める ▶ センテンスを聞く　　　　　　　　　　　　　　　》192

① 作物は成長のために大量の水を必要とする。

Crops need (　　　　　　　) amounts of water to grow.

② 政府はインフルエンザの蔓延に関する国民の不安を鎮めようとした。

The government tried to (　　　　) public concern about the spread of the flu.

③ 増税は経済成長を遅らせるだろう。

Tax increases would (　　　　　) economic growth.

④ 彼はいつも時間を守る。

He is (　　　　　　　) punctual.

⑤ その映画は耐えられないほどつまらなかった。

The movie was (　　　　　　　　　) boring.

⑥ そのレストランの料理はよくも悪くもなかった。

The food at the restaurant was (　　　　　　).

⑦ 乗客の安全が常に最も重要だ。

The safety of passengers is always (　　　　　　　).

⑧ その建物は空襲で修復できないほど損傷した。

The building was (　　　　　　　　　) damaged in an air raid.

解答 ① copious (763)　② allay (765)　③ retard (762)　④ invariably (768)　⑤ excruciatingly (767)　⑥ mediocre (761)　⑦ paramount (764)　⑧ irreparably (766)

Day 49　程度・数量4

CHAPTER	CHAPTER	CHAPTER	CHAPTER	CHAPTER	CHAPTER	CHAPTER
1	2	3	4	5	6	7

単語・熟語を読む ▶ 単語・熟語を書く ▶ フレーズの空所を埋める ▶ 単語・熟語・フレーズを聞く　))) 193

□ 769 　熟
〜に等しい
be tantamount to

be t

詐欺に等しい行い
conduct (　　　　　　　　) (　　) **fraud**

□ 770 　形
完ぺきな
consummate
/kánsəmət/

c

完ぺきな演技
a (　　　　　　　) **performance**

発音注意！

□ 771 　形
ひどい
abject
/ǽbdʒekt/

a

ひどい貧困
(　　　　　　) **poverty**

□ 772 　形
無数の
myriad
/míriəd/

m

空に浮かぶ無数の星
the (　　　　　) **stars in the sky**

□ 773 　形
莫大な
tremendous
/triméndəs/

t

大爆発
a (　　　　　　　) **explosion**

□ 774 　動
〜を超える
surpass
/sərpǽs/

s

世界記録を超える
(　　　　　) **the world record**

□ 775 　動
〜を減少させる
deplete
/diplíːt/

d

天然資源を減少させる
(　　　　　) **natural resources**

□ 776 　副
あまりにも
overly
/óuvərli/

o

〜を過度に心配している
be (　　　　　　) **concerned about 〜**

この意味も
押さえて
おきましょう。

① 政府の経済予測はあまりにも楽観的だ。

The government's economic forecast is (　　　　) optimistic.

② 彼は完ぺきな紳士であり学者だ。

He is a (　　　　　　　) gentleman and scholar.

③ その教育制度には無数の問題がある。

There are (　　　　) problems with the educational system.

④ 「申し訳ありません」と言うのは罪を認めることに等しい。

Saying "I'm sorry" is (　　　　　　) (　　) an admission of guilt.

⑤ 中国は GDP では既に日本を超えている。

China has already (　　　　　) Japan in GDP.

⑥ そのプロジェクトには莫大な額の金が使われてきた。

A (　　　　　　) amount of money has been spent on the project.

⑦ そのプロジェクトはひどい失敗に終わった。

The project ended in (　　　　) failure.

⑧ 医療品がその地域一帯でひどく減少している。

Medical supplies are severely (　　　　　) throughout the region.

解答 | ① overly (776)　② consummate (770)　③ myriad (772)　④ tantamount to (769)
⑤ surpassed (774)　⑥ tremendous (773)　⑦ abject (771)　⑧ depleted (775)

Day 49 程度・数量4

単語・熟語を 読む ▶ 単語・熟語を 書く ▶ フレーズの空所を 埋める ▶ 単語・熟語・フレーズを 聞く))) 195

□ 777 熟
〜を強化する
beef up

b_____

警備を強化する

(　　　　)(　　　　) security

□ 778 名
減少
depletion
/diplíːʃən/

d_____

天然資源の減少

the (　　　　　　　　) of natural resources

□ 779 名
標高
elevation
/èləvéiʃən/

e_____

標高 1000 フィートで

at an (　　　　　　　　) of 1,000 feet

□ 780 名
降水量
precipitation
/prisìpətéiʃən/

p_____

5 インチの降水量

five inches of (　　　　　　　)

□ 781 動
弱まる
falter
/fɔ́ːltər/

f_____

弱まり始める

begin to (　　　　　)

□ 782 動
〜をため込む
hoard
/hɔ́ːrd/

h_____

食料をため込む

(　　　　　　) food

□ 783 動
〜を低下させる
impair
/impéər/

i_____

視力を低下させる

(　　　　　　) vision

□ 784 形
多額の
hefty
/héfti/

h_____

多額の罰金

a (　　　　　　) fine

センテンスの空所を埋める ▶ センテンスを聞く　　　　　　　　　　　　　　　　　　》196

① 経済は弱まる兆候を見せている。

The economy is showing signs of (　　　　　　　).

② オゾン層の減少は皮膚がんの増加を引き起こす可能性がある。

The (　　　　　　　) of the ozone layer might cause an increase in skin cancers.

③ その会社はマーケティングチームを強化する必要がある。

The company needs to (　　　)(　　) its marketing team.

④ バンコクの年間平均降水量は約 1500 ミリメートルだ。

The average annual (　　　　　　　) in Bangkok is about 1,500 millimeters.

⑤ 大騒音に長い間さらされると聴力が低下することがある。

Prolonged exposure to loud noises can (　　　　　) hearing.

⑥ 価格上昇を期待して作物をため込んでいる輸出業者もある。

Some exporters have (　　　　　　) their crops in the expectation of higher prices.

⑦ その男性は株を売って多額の利益を得た。

The man made a (　　　　) profit by selling his shares.

⑧ エベレスト山は標高 8848 メートルだ。

Mount Everest has an (　　　　　　) of 8,848 meters.

解答　① faltering (781)　② depletion (778)　③ beef up (777)　④ precipitation (780)　⑤ impair (783)
　　　⑥ hoarded (782)　⑦ hefty (784)　⑧ elevation (779)

単語・熟語を ▶ 単語・熟語を ▶ フレーズの空所を埋める ▶ 単語・熟語・フレーズを聞く　》197

□ 785 形
急激な
exponential
/èkspounénʃəl/

e
急激な成長
(　　　　　　) growth

□ 786 形
大ざっぱな
cursory
/kə́ːrsəri/

c
大ざっぱな検査
a (　　　　　) inspection

□ 787 形
完全な
outright
/áutràit/

o
全面的な禁止
an (　　　　　) ban

□ 788 形
法外な
exorbitant
/igzɔ́ːrbətənt/

e
法外な値段
an (　　　　　) price

□ 789 副
わずかに
marginally
/mɑ́ːrdʒinəli/

m
～よりもわずかに多い
be (　　　　　) more than ～

□ 790 熟
～がたくさんいる
teem with

t
観光客がたくさんいる
be (　　　) (　　　) tourists

通例、進行形で用います。

□ 791 名
一部
fraction
/frǽkʃən/

f
住民の一部
a (　　　　) of the population

□ 792 名
超過
overrun
/óuvərràn/

o
時間の超過
time (　　　　)

アクセント注意！複数形が入ります。

219

① 選挙の 1 回目の投票では完全な勝者はいなかった。

There was no (　　　　　　　 **) winner in the first ballot of the election.**

---

② 株価は今日、わずかに下がった。

Stock prices fell (　　　　　　　 **) today.**

---

③ その国は急激な経済成長を経験しているところだ。

The country is experiencing (　　　　　　　 **) economic growth.**

---

④ 州の予算のごく一部しか教育に費やされていない。

Only a tiny (　　　　　 **) of the state budget is spent on education.**

---

⑤ そのホテルの料金は法外だ。

The hotel's rates are (　　　　　　 **).**

---

⑥ その池にはコイがたくさんいた。

The pond was (　　　　　 **) (** 　　　 **) carp.**

---

⑦ 大ざっぱな診察の後、その医者はいくつか錠剤を処方した。

After a (　　　　　　 **) examination, the doctor prescribed some pills.**

---

⑧ 経費の超過は大規模プロジェクトではよくあることだ。

Cost (　　　　　　 **) are common in large projects.**

解答　① outright (787)　② marginally (789)　③ exponential (785)　④ fraction (791)
　　　⑤ exorbitant (788)　⑥ teeming with (790)　⑦ cursory (786)　⑧ overruns (792)

Day 50　程度・数量5

□ 793 名
頂点
zenith
/zíːniθ/

z
頂点に達する
reach one's (　　　　)

発音注意！

□ 794 動
～を強化する
consolidate
/kənsálədèit/

c
地位を強化する
(　　　　) one's position

□ 795 動
生じる
accrue
/əkrúː/

a
（利子が）口座にたまる
(　　　　) on the account

アクセント注意！
この意味も押さえて
おきましょう。

□ 796 動
～を軽減する
mitigate
/mítəgèit/

m
～の影響を軽減する
(　　　　) the effects of ～

□ 797 動
～を和らげる
defuse
/diːfjúːz/

d
緊張を和らげる
(　　　　) tension

□ 798 動
～の調子を変える
modulate
/mádʒəlèit/

m
声の調子を変える
(　　　　) one's voice

□ 799 形
全く異なる
disparate
/díspərət/

d
全く異なる意見
(　　　　) opinions

□ 800 形
ごくわずかな
paltry
/pɔ́ːltri/

p
ごくわずかな額
a (　　　　) sum

Day 50

① 英国の経済力および政治力はビクトリア時代後期に頂点に達した。

Britain's economic and political power reached its (　　　　) in the late Victorian era.

② 彼のユーモアが緊張を和らげた。

His humor (　　　　　　) the tension.

③ 年率 3 パーセントで利子が生じる。

Interest (　　　　　　) at the rate of 3 percent per annum.

④ その会社の売上高はごくわずかに 0.3 パーセント伸びた。

The company's sales have increased by a (　　　　) 0.3 percent.

⑤ 要点を強調するため彼女は声の調子を変えた。

She (　　　　　　) her voice to emphasize the point.

⑥ 私たちは中国市場での地位を強化する必要がある。

We need to (　　　　　　) our position in the Chinese market.

⑦ 科学と倫理は根本的に全く異なるものだと言う科学者もいる。

Some scientists say that science and ethics are fundamentally (　　　　　　).

⑧ 政府は社会福祉への支出を増やして貧困を軽減しようとしている。

The government has tried to (　　　　　　) poverty by increasing expenditure on social welfare.

解答　① zenith (793)　② defused (797)　③ accrues (795)　④ paltry (800)　⑤ modulated (798)
　　　⑥ consolidate (794)　⑦ disparate (799)　⑧ mitigate (796)

MEMO

Index

本書に登場した単語・熟語をまとめてあります。
それぞれの右側にある数字は、見出し番号を表しています。

キクタン
英検®1級
ワークブック

書名	キクタン英検®1級ワークブック
発行日	2020 年 1 月 22 日（初版）

編著	一杉武史
編集	出版編集部
校正	Peter Branscombe、Margaret Stalker
アートディレクション	細山田光宣
デザイン	柏倉美地（細山田デザイン事務所）
イラスト	shimizu masashi（gaimgraphics）
ナレーション	Chris Koprowski、Julia Yermakov、木村史明
録音・編集	一般財団法人 英語教育協議会（ELEC）
DTP	株式会社秀文社
印刷・製本	萩原印刷株式会社
発行者	田中伸明
発行所	株式会社アルク

〒 102-0073　東京都千代田区九段北 4-2-6　市ヶ谷ビル
Website：https://www.alc.co.jp/

・落丁本、乱丁本は弊社にてお取り替えいたしております。
　Web お問い合わせフォームにてご連絡ください。
　https://www.alc.co.jp/inquiry/
・本書の全部または一部の無断転載を禁じます。
・著作権法上で認められた場合を除いて、本書からのコピーを禁じます。
・定価はカバーに表示してあります。
・製品サポート：https://www.alc.co.jp/usersupport/

©2020　Takeshi Hitosugi / ALC PRESS INC.
shimizu masashi（gaimgraphics）
Printed in Japan.
PC：7020014　ISBN：978-4-7574-3393-9

地球人ネットワークを創る

アルクのシンボル
「地球人マーク」です。